Blütenzyklus
Sandra Mickler

SANDRA MICKLER

Blütenzyklus

Lyrik, Prosa & Poesie

Blütenzyklus
Lyrik, Prosa & Poesie

1. Auflage Juni 2020

Umschlagdesign: Emilia Cole von Coverstube
Bildmaterial: iStock

Impressum

Sandra Mickler
Am Bredschlag 1-3
24782 Büdelsdorf
E-Mail: smicklerautorin@gmail.com
Instagram: swiaty.library
Facebook: sandramautorin

Jede Blume hat seinen Zyklus,
jede Seele ihr Sein.

Für all die schlagenden Herzen da draußen

Vorwort

Liebe*r Leser*in,

ich möchte hier explizit vor eventuell möglichen Triggern warnen, die in einem der Lyriken, Prosatexten oder der Poesie vorkommen könnten. Es könnte passieren, dass sie bei dir negative Erinnerungen auslösen, die du noch nicht vollständig verarbeitet und reflektiert hast, weshalb ich dieses Vorwort nutzen möchte, um dich für die folgenden meiner Inhalte zu sensibilisieren. Solltest du dich nicht in der Verfassung fühlen, dieses Buch hier zu lesen, bitte ich dich, es beiseitezulegen und es eventuell zu einem anderen Zeitpunkt zu deiner Lektüre zu zählen.

Ich wünsche dir viel Freude mit diesem Buch, denn es ist sehr persönlich und meine goldene Truhe habe ich für dich geöffnet, um dir zu zeigen, dass du nicht alleine bist. Wir alle Menschen sind, mit Gefühlen, Gedanken, Tränen und Träumen.

Alles Liebe,

Sandra

Es war einmal ...

... vor langer, langer Zeit ein Mädchen, das an seinem Schreibtisch saß und durch das Fenster in die weite und doch so ferne Welt hinaus sah. Eine Welt, die ihm ferner nicht sein konnte, denn es fühlte sich, als würde es nicht eine Sekunde seines Lebens wirklich dazugehört haben. Seine Welt war die der Worte, Buchstaben und Zeilen, so geschwungen wie die Wolken droben am Himmelszelt, das Haar, welches ihm auf der Schulter in zarten Frühlingswind tanzte. In der rechten Hand hielt es einen braunen Füller, dessen Farbe es an die Augen eines Menschen, den es einst liebte, erinnerte.
Tränen rannen seine Wangen hinab, fielen auf das goldgelbe Papier, das auf dem Schreibtisch vor ihm lag und darauf wartete, dass es Wörter schrieb, während die Sonne die darauf schien es zum Funkeln brachte.
Worte der Poesie. Worte des Lebens. Worte über Blüten und Zyklen eines jeden Menschen – jeder Seele. Jeden Herzens.

Tauche ein in die Welt des Mädchens, welches mit Worten dein Sein verzaubert. Deine Seele in ein zartes Tuch aus Seide hüllt, wenn sie jeden Moment zu zerbrechen scheint. Fühle dich frei wie der Wind. Fühle dich gut, mit dem, was du bist.

Saatkorn

Suche nach Wegen, dem zu deinem Herzen.

Am Anfang steht ein Wort, am Ende eine ganze Geschichte.

Wie der Fuchs das Tal, so der Mensch, sein Sein.

Es ist ein wunderschönes Gefühl,
wenn man spürt,
dass man angekommen ist.

Ich kämpfe für das, wofür ich lebe, atme. Begehre.

Schönheit sieht jeder anders. Unschönes auch.

Drei Atemzüge weiter,
der Zug fährt ein.
Ein lautes Geräusch,
du hältst dir die Ohren zu,
bis du begreifst,
du bist mittendrin.

Der ganz besondere Glanz.
Auf Haut und Haar.
Strömend wie ein Fluss,
wehend wie der Wind.
Das Dasein unerkannt.

»Wir sind eine Familie und werden immer eine sein«, versprachst du mir und ich versprach dir, dass mein Herz dich ewig lieben würde.

Wenn ich mich in meiner Haut gefangen fühle, breche ich aus – wenn Zeit.

Das erste Wort ist der kleine Bruder vom Anfang.

Wenn etwas begonnen, so ist es richtig.

So zart, so ängstlich, fernab deiner Vorstellungskraft. Das Saatkorn der Fantasie.

Finde deinen Weg, durch den Tag. Bei Nacht.

Jedes Wort, ein Zauber. Jedes Lächeln ein Zusatz.

Geschichten sind da, um sie zu schreiben,
auf vergilbtem Papier begonnen,
eine Fantasie.

Deine Seele entfaltet sich, seines Weges deines Seins.

Beginne, und du entdeckst, wo es dich hinführt.
Wo es dich auch hin verschlägt, es wird sich richtig anfühlen,
im Herzen.

Hinter Zäunen in fremden Gärten,
jedes Blümlein,
eine Lüge wert.

Veränderungen

Veränderungen sind manchmal schwer zu akzeptieren.
Veränderungen sind manchmal schwer einfach so hinzunehmen,
ohne Widerworte zu geben.
Veränderungen sind manchmal einfach notwendig,
um zu wissen, dass man lebt.
Veränderungen sind manchmal einfach nicht notwendig,
weil man weiß, dass man liebt.
Veränderungen sind manchmal gut für uns,
doch sie können auch negativ sein.
Veränderungen machen aus einem Paar zwei verschieden-
schlagende Herzen.
Veränderungen verändern uns in gewisser Weise,
auch wenn wir es manchmal nicht sehen können.
Veränderungen bringt das Leben mit sich,
niemand ist frei von ihnen.
Veränderungen können schön aber auch beängstigend sein.
Veränderungen können einen Graben,
aber auch ein Meer voller Blumen hinterlassen.
Veränderungen können wehtun aber auch unser Herz heilen.
Veränderungen kommen und gehen.
Wir haben es in der Hand.
Ob klein oder groß,
grau oder bunt.
Das Farbenspiel der Welt.

Viele Menschen

Viele Menschen haben ein besonderes Leben,
das sie führen.
Doch andere müssen erst kämpfen,
um etwas Besonderes zu sein.
Äußerlich.
Innerlich.

Die Dunkelheit der Nacht

Ich gehe über eine Brücke und sehe den Fluss unter mir. Die
Laternen strahlen ihn an.

Ich versinke in Träumen der Vergangenheit.
Ich lehne mich an einen Baum, höre ihn flüstern.

Schreite ich weiter, sehe ich wieder den Fluss.
Diesmal schimmert er in allen Farben.

Ich springe hinein und ich merke, dass er mich wärmt.

Das alles in der Dunkelheit der Nacht.

Sonne, Mond und Sterne

Es war eine sternenklare Nacht und beide saßen vor dem Fenster und schauten dem Mond zu, wie er die Welt beleuchtete. Keiner von beiden wusste, dass es sie jemals hierher verschlagen würde, und als sie den Mond zum ersten Mal sahen, war beiden gewiss, dass sie den Mond mit seinem Glanze über alles liebten. Er war ihr Anlaufziel. Der Diamant. Die Zuflucht für Stunden in denen sie sich einsam fühlten.

Er schien so hell, dass er sie mit seinem reichen Licht wärmte. Licht, welches sie am Tage, ganz sanft in ihren Herzen verspürten.

Der Mond füllte den Raum mit Liebe, Wärme und Licht. Mit allem, was ihnen so fremd war.

Ihnen beiden war bewusst, sie möchten näher zu ihm hin, gingen nach draußen auf die Straße und setzten sich auf das Dach jenes Hauses.

Stunde um Stunde sahen sie ihm entgegen und hofften darauf, dass er ihnen all das, was sie schmerzlichst vermissten, schenken würden.

Die Liebe, wie sie zwischen Sonne und Mond herrscht, dem Farbenklang der Natur. Sie suchten Halt. Jeden Tag – gemeinsam.

Von einen auf den anderen Tag verlor der Mond sein Strahlen, seinen Glanz und sein wärmendes Licht, sodass beide sich fragten, was mit ihm geschehen war, während sie auf dem Dach saßen und sehnsüchtig auf ihn warteten.

Schnell kletterten sie von den Ziegeln, stellten sich auf den von Leere gezeichneten Asphalt, dessen flimmerende Straßenlaternen ihnen den Weg durch die Nacht wiesen.

Mit nackten Füßen, sich erdend auf dem kalten Asphalt gingen sie weiter, um den Mond zu suchen. In ihren Herzen herrschte Einsamkeit und Kälte. Die Suche nach Geborgenheit, Licht und Wärme begann, denn sie fehlte ihnen wie uns die Luft zum Atmen.

Es dauerte Stunden, bis plötzlich in weiter Ferne ein kleiner, kreisrunder Schatten zu sehen war. Sie spürten eine leichte Wärme, doch ein kalter Hauch von eisigem Wind drängelte sich zwischen beide Körper.

Ein kleines Funkeln inmitten des Mondes, seines Seins fiel beiden auf. Es war ein kleiner, schillernder Regentropfen, der einsam und wie in Zeitlupe vom Himmel fiel. Als einer von beiden ihn zärtlich berührte, verschwamm er und es begann fürchterlich zu regnen.

Sie standen nur da und warteten, waren geduldig, dass der Mond in dieser Nacht wieder zu ihnen zurückkehren würde, sobald der Regen vorrüberzog. Aber er tat es nicht. Er blieb fern.

Es regnete Tag für Tag, und Nacht für Nacht. Eines Nachts bildete sich ein Regenbogen am Nachthimmel, der so bunt war und so sehr glänzte, dass beiden klar wurde, was sie zu tun hatten.

Sie stiegen mit langsamen und vorsichtigen Schritten den Regenbogen hinauf und wollten wissen, wohin dieser farbenfrohe Weg sie führen würde.

Der Weg auf dem Regenbogen war lang. Es war eine so sternenklare Nacht, doch warum umhüllte die beiden ein eigenartiger, dichter Nebel, je weiter sie voranschritten?

Plötzlich gesellte sich eisige Kälte dazu und der Nebel vor ihnen wirkte wie eingefroren. Sie sahen hoch in das dunkle Himmelszelt und da war er wieder: der Mond. Neben ihm funkelten die Sterne heller als je zuvor. Mit jedem Leuchten und Funkeln wurde der dichte Nebel, der sie einhüllte, weniger.

Die Augen der beiden leuchteten vor Freude und es sah aus, als würde der Mond ihnen ein Lächeln schenken. Sie hatten das Gefühl von Geborgenheit. So intensiv und ließen dabei ihre Hände ineinandergleiten. Sie spürten die Wärme des anderen und verspürten mit einem Mal, dass sie gar nicht einsam und alleine waren. Spürten, dass sie sich hatten und das der Mond nur etwas war, was ihr Glück, ihre Liebe zueinander schöner machen sollte.

Als Sternenregen auf sie fiel, besiegelten sie die Liebe zu sich und dem Mond mit einem Kuss.

Knospe

Erblühe in deinen eigenen Farben.

In all der Stille,
in all, der Ruh‘,
glänzende Augen,
ein Kuss dazu.

Es ist kein Wunder.
Es ist kein Zauber, der dich belegt.
Das bist du selbst.

Wasser ist Leben. Blut macht lebendig.

Ein Füller sanft schwingend die Buchstaben in jeder Zeile,
eine Seele, die erblüht.

Tausend kleine Blumensamen in der Hand,
doch ihres Reichtums nie bewusst.

Die Kunst so schöpferisch,
wie einst der Buchstabe eines Dichters,
auf vergilbtem Papier verläuft,
wie rotes Blut in den Adern unseres jeden Seins.

Ein Atemzug am seidenen Pfaden,
ein Tropfen loslösend,
kalt von deinem Schreibtisch tropfend.
Siehst zu ihm hinab,
bewahrst ihm vor dem Ende.
Die Zeit sie dreht sich weiter,
ist das jetzt die Wende?

Die Knospe, sie bricht,
wie die Haut Furchen zieht.
Jeder Sonnenstrahl sie wärmt,
wie die Liebe das Herz.

Knospen sind wie kleine Kinder,
deren Äuglein sich langsam öffnen,
während die Vögel bei Anbruch eines neuen Tages ihr
Morgenlied singen.

Die mit den Wölfen tanzt

Ich schreite in den tiefen, dunklen Wald hinein und kann sie von hier aus hören. Ihre Pfoten aufschlagend, ihre durchdringenden Augen und ihr Jaulen verfolgen mich bis hierhin. Ich kann mich nicht von ihnen abwenden, denn dafür bin ich zu tief mit drinnen in diesem Geschehen. Sie umzingeln mich, schmiegen sich wie Katzen an mich und ich fühle mich, als würde ich zu ihnen gehören – als wäre ich einer von ihnen, als würde ich das fühlen, was auch sie in diesem Moment fühlen.

Langsam aber stetig versuche ich aus ihrem Bann zu entkommen, doch sie halten mich mit ihren blanken Zähnen fest, zerren mich mit aller Kraft erneut zu ihnen. Ich darf nicht gehen – noch nicht. Sie brauchen mich.

Die Tage, die ich nun bei ihnen bin, habe ich gut verlebt. Sie haben mich ernährt, sie haben mir all das gegeben, was ich brauchte. Haben mir geholfen die eiserne Kälte gut zu überstehen. Dennoch merke ich, dass ich nicht hierhin gehöre, aber mich abwenden kann ich auch nicht.

Wir wachen miteinander auf, und wir schlafen miteinander ein und manchmal, wenn ich ganz leise bin, höre ich sie sogar träumen. Träumen von einem besseren Leben. Einem Leben, welches sich einfach jeden Tag wieder wundervoll gestaltet – aber nicht dieses hier, dieses im Hier und Jetzt für die Wölfe.

Er schleicht sich zu mir, der Anführer der Wölfe und durchdringt mich mit seinen tiefgrünen Augen. Als würde er einen

Pakt schließen wollen, reicht er mir seine Pfote und ich denke, dass er meine Gedanken gelesen hat. Er flüstert mir leise zu, dass er einen Wunsch hat, den Wunsch nach Freiheit, den Wunsch nach wundervollen Tagen und in diesem Moment fühle ich mich dazugehörig. Ich fühle mich, als würde ich zu ihnen gehören und das für immer.

Lass das Licht dein Wegweiser sein,
die Sonne dich auf deinem Wege wärmend.

Des Dichters Kleid ist ein Korn,
der wie eine Blume am Straßenrand tänzelnd,
dich berührend.

Ein Samenkorn ins Wasser fallend,
was erwächst da im Glanze des Lichts?
Eine Blume entgegen der Oberfläche,
lächelt und du sie nie mehr vergisst.

Vom Licht durchbrochen

Etwas wirklich zu fühlen – wirklich zu fühlen, ist heute eine Seltenheit geworden. Menschen laufen aneinander vorbei, sich nicht eines Blickes würdigend. Schauen herablassend aufeinander, als würde die Sonne direkt in ihre Augen scheinen und als könnten sie nur blinzeln. Jedes Lächeln, das wir ihnen entlocken können ist ein Spiel. Ein Spiel wie mit Sonne und Mond, wie das strahlende Blau zum Grau. Unsere Körper werden vom Licht durchbrochen und ein kleiner Schatten verbleibt auf unserem Haupte. Wir können spüren wie das Herz das Blut in unsere Adern pumpt, wie das Wasser jeder einzelnen Blume ihre Blüte schenkt und wie wir uns im Rausch der Sinne ganz engelsgleich bewegen. Herabstolzierend den gepflasterten Pfad, Hand in Hand im Kleid, in der rechten Hand einen eleganten Sonnenschirm. Die Sonne bricht sich in seiner Schönheit und dennoch verspüre ich, wie sie mich wärmt, auch wenn ich mich schützend unter dem Schirm verstecke.

Ich verspüre einen leicht-kühlenden Regentropfen auf dem Arm, der sich frech auf meinen Arm schlängelt und freudig hin- und herschwingt, im Hintergrund der Jahrmarktsmusik. Ich lächel freudig, ersehend ein Karussell, so bunt und farbenfroh, lachende Kinder auf weißen Pferden mit gewellten Schweifen.

Lange Zeit ist es her, als ich auf einer Rappe geflohen in das Grauen des Morgens hinein. Ich erinnere mich gut an sie, doch sie ist nun vorbei. Das Land voller wunderschöner Kirschbäume, inmitten des Karussells mit fröhlichen Kindern. Ich gehe näher heran, lasse mich von den Tönen der klassischen Musik mitreißen und merke, wie mein Körper mit dieser Melodie ganz automatisch mitschwingt. Leise und sanfte Töne entspringen meinem Munde und ich merke, wie ich unbemerkt laut lache.

Niemand nimmt mich wahr, alle anschauend das Karussell, auf dem ihre Kinder sitzen und ihre Augen strahlen wie das Licht der Sonne.

Musik verstummend ziehe ich weiter, vorbei an regen Menschenmassen, ein Duft von gerösteten Mandeln und gefüllten Apfeltaschen steigt in meine Nase. Ich merke, wie mein Magen anfängt, mir einen Strich durch die Rechnung zu machen und wie ich mich langsam auf diesen Stand zubewege, setzend auf einen hölzernen Stuhl mit Verzierungen. Die Verzierung ist ein Herz, ummantelt mit einem bordeaux farbenem Rotton, welcher in all den Jahren an Farbe verlor.

Verloren haben auch wir uns an einem Herbsttag, als wir gemeinsam beschlossen hatten getrennte Pfade zu bestreiten. Mein Rot. Mein Herz war dir nicht genug und mein Herz brach an jenem Tag, als du fortgegangen warst. Du hattest mir einen Brief hinterlassen, ein paar Zeilen voller Wehmut und Sehnsucht, doch deine Entscheidung war getroffen, du würdest von mir gehen.

Die Blätter fielen auf den nassen Asphalt, der Regen tröpfelte in mein Gesicht, meine Haare zum Zopf gebunden bauschten sich auf, wie im Sommer die Büsche am Straßenrand, wo wir einst spazieren gegangen waren. Im Mund noch der Geschmack von Kirschen und in der Nase den Duft von Vanille tragend. Doch ich verlasse diese Stelle nun, ziehe weiter, um Menschen zu studieren.

Ein alter Griesgram mit seinem hochwertigen Stöcklein auf mich zukommend. Ein leicht verbittertes Lächeln steht in seinem Gesicht. Ich spüre sein Herz nicht, fühle einfach nur eisige Kälte in dem Moment, in dem er an mir langsam vorbeigeht. Eine junge Dame, gut und teuer gekleidet, ihr Näslein hoch zum Himmel, an der Hand ihren Sohn – zerrend, schreiend er solle hören und mitkommen. Mit einem leichten Kopfschütteln wende ich mich ab. Versinke in Gedanken.

Damals, wohlbehütet und freudig, spielend mit buntem Spielzeug, ein hölzernes Steckenpferd, so wie viele Kinder und dieses Lachen durchdrang jene Hauswand. Wir kannten kein Pardon, keine Verantwortung und auch nichts, was so grau in grau erschien wie das Heute, jetzt da wir erwachsen sind und wissen wie man das Leben leben sollte.

Wir versuchen, zu wachsen, zu reifen, Tag für Tag, den Sinn des Lebens zu finden. Weise zu werden. Manchmal zerplatzen unsere Träume und Wünsche wir wie ein rosa Luftballon, weil uns etwas überkommt, dem wir nicht standgehalten hatten, vielleicht irgendwann standhalten werden. Standhalten werden, wenn wir reifer und erfahrener sind. Wenn Sonne und Mond uns vom Himmel aus begrüßen, unsere Seele und unser Herz erwärmen, dass triste Grau nur noch ein Blau ist und unser Gemüt vom Licht durchbrochen wird, wie der Regenschirm den ich in meinen Gedanken festhalte.

Das Beziehungsrezept

Zutaten für zwei sich liebende Personen, die die Liebe wie ein
Feuerwerk entfachen:

Eine Portion Toleranz.
Eine Schüssel voll Respekt.
Ein Himmel voll Ehrlichkeit.
Einen Bach voll Verständnis.
Ein Luftballon voll Freiheit.
Eine Kuscheldecke voll Zuneigung.
Wache Augen voll Interesse.
Umschließende Arme, um füreinander da zu sein.
Ehrliche Gespräche die Konflikte lösen.
Ein lustiger Witz mit einer Prise Humor.
Zartschmelzende Zärtlichkeit wie Zartbitterschokolade.
Bunt-versprühende Leidenschaft wie ein Feuerwerk.

Sinnlichkeit der Liebe

Es ist abends. Du liegst neben mir, hältst mich in deinen Armen und blickst mich aus deinen wunderschönen Augen an. Sie glänzen im Kerzenschein, leuchten wegen meiner Anwesenheit, sagst du. Ein Lächeln huscht über mein Gesicht, bis dieses wieder verschwindet und ich deine zärtlichen Berührungen auf meiner Haut spüre. Ich kann lediglich erfühlen, dass du dies mit Liebe tust. Unstillbarer Liebe, so wie das unstillbare Verlangen nach etwas, was doch so weit entfernt scheint.

In jenem Moment, in dem ich mich aufsetze, mich umschaue, lässt du mich nicht los, auch wenn es nur dein Blick ist, der mich zu fesseln vermag. Du erbittest meine Nähe, bittest mich nicht von dir zu gehen.

Zu bleiben.

Mir Wärme schenkend, nicht draußen in die Kälte zu stolzieren, die mich und mein Herz erstarren ließe. Dein Blick erscheint flehend, geradezu untröstlich. Mit jeder deiner sanften Bewegungen, jedem Augenaufschlag flimmert das Kerzenlicht gebrochen in deinen Augen. Es hat etwas von Magie. Die Magie der Liebe. Die Magie, die uns beide verbindet, unsere Seelen verknüpft, unsere Herzen miteinander verschmelzen lässt.

Ein Kuss, so sinnlich wie eine zarte Praline zart schmelzend auf der Zunge. Ich verfalle deinen Küssen, deinen sanft-weichen Lippen, nach denen ich mich so gesehnt habe. Falle in deine starken Arme und lasse mich einfach fallen.

Sinnlichkeit. Gnadenlos, gepaart mit purer Lust. Doch noch etwas Anderes umgibt uns. Ein Hauch. Etwas was nur wir beide verstehen und fühlen können, etwas was nur uns beiden gehört.

Leise höre ich dich etwas in mein Ohr flüstern, es kitzelt leicht und ich zucke zusammen. Deine Worte klingen unfassbar schön, sie erreichen mein Herz, erwärmen es und streicheln meine Seele. Worte, die ich nie zuvor gehört, nie zuvor so gespürt hatte. Den Moment genießend sinke ich mit dir auf das Bett voller Blüten, umgeben vom reinen Kerzenschein.

Die Blätter unter mir zerknicken leicht, die wunderbar weiche Bettwäsche bettet mich sanft. Ein Duft von Flieder, und zarter Vanille steigt mir in die Nase und ich fühle mich wie in einem Märchen. Ein Märchen, das noch nicht geschrieben wurde. Ein Märchen, welches dich, mein Prinz, mein Herz erobern lässt. Mein Herz unter blauem Himmel, zwitschernd die Vögel, inmitten von einem Blumenmeer mit zartem Duft. Ein wunderbarer Traum, ein wunderbares Märchen, welches dank dir geschrieben wurde.

Zart und sinnlich berühren mich deine Hände an meinem Rücken und ich genieße jede deiner Berührungen. Eine Hand streichelt meine Wange, geht diese hinab zu meinem Kinn, einen Finger streichelnd, weiter berührend die Wange.

Du schaust mir tief in die Augen und ich erkenne, dass deine wunderbaren Augen nun noch mehr glänzen, so wie ein wunderbarer Kristall. Ein Diamant, der unbezahlbar ist.

Du setzt zum Kuss an und ich erwidere ihn um ein weiteres Mal.

Genießend. Stillschweigend.

Es ertönt leise Musik, die die du für uns ausgesucht hast, und ich genieße es, ihren sanften Melodien zu lauschen. Wir bewegen uns im Rhythmus der Klänge. Langsam, unanständig, sodass wir beide anfangen müssen, zu lachen. Wir tollen auf dem Bett, zerwühlen die Decken, tollen herum wie zwei Kinder, lachend,

kitzelnd – Freiheit genießend. Wir fühlen uns wohl miteinander. Liegend in den Armen des Anderen, sinnlich und voller Liebe.
Stille.

Ich bemerke, dass du die Augen geschlossen hast, lausche deinem Atem. Dieser klingt wie ein rauschender Bach, doch das macht wahrscheinlich nur deine Müdigkeit. Ein rauschender Bach oder gar ein angenehmer Herbstwind. Ich vernehme noch immer die Musik im Hintergrund, doch konzentriere mich nur auf dich, deinen Atem, deinen Herzschlag. Befinde mich in Gedanken, denke daran wie es wohl ist, wenn irgendwann unser beider Licht erlischt, mit uns ihm unsere Sinnlichkeit unserer Liebe.

Werden wir uns oft gesagt haben, dass wir uns lieben? Werden wir uns oft in einem Bett voll Blütenblättern gebettet und der Nacht und dem Mond ein Filmchen gespielt haben?

Werden wir zusammen durch all die Jahreszeiten geschritten sein und uns immer bei den Händen gehalten haben? Werden wir immer aufrichtig und ehrlich zueinander gewesen sein?

Es gibt jede Menge Fragen, die man nicht zu fragen wagt, doch sollte man es tun, bis eines unserer Lichter erlischt. Und auch so schließe ich nun die Augen, schwebe ins Land der Träume und hoffe, dich und deine Sinnlichkeit dort wieder zu fühlen.

Vom Erwachen und dem Wachsen

Ich ging die Straße entlang und es war kalt, denn ich wusste, du warst gegangen. Du Gedanke, den ich so lange in meinem Herzen festhielt. Meine Gefühle fuhren Achterbahn, und auch wenn ich wusste, dass dies nicht das Ende war, war ich auf der Suche nach mir. Auf der Suche, Herzensdinge zu erhaschen, doch mein Kopf war von all dem nicht frei und erstarrte in dieser eisigen Kälte zu Eis. Wie ein Vogel flog ich durch den Abendhimmel, suchend nach einem geeigneten Plätzchen in eiskalter Nacht, welches ich nach langer Suche irgendwann fand, doch umkehrte, da es nicht der Weg war, den ich gehen wollte. Alles fühlte sich leer an. Ich hatte versucht, mich zu erinnern, wieso all das geschehen war. Ich hatte versucht, mich zu erinnern, an berührende Momente, die wunderbarsten Abende die mich zum Fliegen verleiteten und ich wollte nie wieder auf dem harten Asphalt landen.

Umkehrend.

Langsam fliegend, um zu wachsen.

Nicht fallend, wachsend an mir.

Ich flog in deine wärmenden Arme, mit sanften Worten aus all den Gedanken gerissen. Jedes Wort saugte mein Herz auf, meine Seele erwärmte sich und ich spürte, dass mein Weg vor mir lag.

Ich machte mich auf den Weg, um zu erwachen. Ich verließ dich und flog weiter, in Richtung des Himmels, in Richtung der Sterne.

Ich fühlte mich leicht zerbrochen, doch auch mutig genug diesen Weg weiter zu fliegen. Im Leben gibt es immer einen Weg. Einen Weg für unsere Herzen und unsere Seelen.

Beschwingend.
Suchend.
Ich hielt inne. Lauschte deinen sanften Worten in der Ferne. Sie waren da, ich konnte sie hören. In mir wuchs eine Stärke, die ich nie für möglich gehalten hätte, und ich wagte es diesen Fluss zu überqueren, dieses nicht stille Wasser mit all meinem Zauber zu beruhigen. Ich wagte es, den Wind zu besänftigen und dann mit ihm zu fliegen, nicht gegen ihn. Ich habe es geschafft und es hatte mir ein Lächeln auf die Lippen gezaubert.

Ein wunderbares Gefühl, wenn das Herz mit Stolz erfüllt wird. Die Sonne hinter einem wieder aufgeht und einem sanft den Rükken wärmt.

In der Ferne sehe ich dich und du lächelst mir zu. Sanft komme ich auf dem Erdboden auf, meine Flügel verloren, gebrochen. Einige meiner Federn liegen auf dem Boden. Weiß, langsam grau werdend.

Du reichst mir deine Hand, um mir aufzuhelfen. Ich stehe auf, zwei Beine die mir Halt geben und noch etwas wackelig sind von dieser wunderbaren Reise, zwischen dem Erwachen und dem Wachsen.

Langsam und sanft schließt du mich in deine Arme und ich schaue hinter deinem Rücken in Richtung des Himmels. Ein Vogelschwarm fliegt wild umher und zeichnet ein Herz. Feuerwerk in anderer Richtung und ich bin mir sicher, so darf es weitergehen.

Im Herzen eine Wölfin

Wandernd durch den dunklen Wald,
wandernd durch dunkle Gassen.
Die Augen im strahlenden Blau,
des Himmels Gewand.
Regentropfen.
Klares Wasser,
aufkommend auf hartem Asphalt.
Pfote tapsend hinein, nass werdend.
Sich in mein Auge setzend.
Klanglos.
Tränenreich das Meer.
Laufend.
Hin fortlaufend jede Welle,
bricht.
Kälte überschattet meinen Körper,
Blut erfriert.

Eis auf dem See,
meine Blicke ins Leere starrend.
Fühlend wie das Herz in mir pocht,
ein Klagelied singt.
Vergangene Liebe, vergangene Zeit.
Zerbrochenes Herz.
Blutstrom.
Kopf gesenkt.
Worte verstummt.
Nachgedacht.

Weitergekämpft.
Des Lebens Wölfin in mir erwacht,
im Herzen immer das.

Du bist viel mehr

Du bist mehr als nur ein Wort,
worauf viele eine Antwort suchen.
Du bist ein Regenbogen aus dunklen und hellen Tönen.
Ein Vogel, der am höchsten fliegen kann von allen.
Du entfachst ein Feuer mit deiner nackten, bloßen Haut -
deinen sehnsüchtigen Küssen.
Lässt mich umherschleichen um dich herum,
um mich zu verwöhnen.
Mit deiner Kraft und Sinnlichkeit bewegst du die Erde, unser
Universum.
Mit deiner Stimme bringst du mich zum Schmelzen.
Du bist viel mehr,
als du weißt und glaubst - viel mehr als der Schmerz in mir.

Stillende Sehnsucht

Ich suche nach der Stille,
der Vollkommenheit in meinem Körper.
Ich suche nach Liebe,
der Geborgenheit für das lange Leben zu zweit.
Ich suche nach dem Ereignis,

der Glückseligkeit, etwas Besonderes zu sein.
Ich suche nach dem Erfolg,
der Macht auch groß zu sein.
Ich suche nach dir,
dem Mann, der mein Herz für immer stiehlt.

Kalte Nacht

Ich schlendere durch die Straßen,
suche jemanden der mich fest in seinen Armen hält,
auffängt und mit mir den Weg nach Hause geht.

Die Lampen erhellen das Pflaster,
versuchen mich zu blenden.
Ich renne das ganze Stück wieder zurück.
Zurück in den Schatten.

Nun stehe ich wieder hier.
Hier,
wo ich schon in der Vergangenheit gestanden habe.
Gestanden in Elend und Leid.

Ich lausche in die tiefe Nacht hinein.
Alles ist düster, immer kälter werdend.
Ich spüre, wie ich aufhöre zu atmen.
In dieser kalten Nacht.

Blüte

Im Regen zu tanzen, ist, wie das Wissen darüber, dass man lebt.

Tanze im Regen,
unter dem Regenbogen,
dem Himmelszelt.
Sei du.

Das Einzige, was die Liebe zu finden vermag, ist das Herz.

Schneeflocken fallen sachte auf dein Haupt.
Dich zärtlich wiegend in der Magie des Winters.

Farben dieser Welt, sind die Farben deiner Seele.

Nie mehr ein »Was wäre wenn«,
nur noch ein klares »Jetzt« in die Wolken geschrieben.

In dir findest du die Ruhe,
die es zum Leben braucht,
in dir ruht die Seele,
wie ein Schmetterling voll Staub.

Der Himmel erwacht, wenn der Mond schlafen geht.
Die Sonne entfacht.
Wolken formen sich wie Zuckerwatte.
Morgenluft.

Ich halte deine Welt in meinen Händen,
drehe sie um die eigene Achse,
wenn mir danach ist.
Lasse sie still stehen.
Berühre sie.

Hölzerner Duft liegt im Raume.
Das Kaminfeuer zischend und wärmend.
Der Duft deines lebendigen Körpers, sinnlich und erotisch zugleich.
Lust.
Begehrend.

Die Liebe ist wie ein Zauber, der Zauber des funkelnden, lächelnden Mondes.

Das Meer aus Farben, ist die Welle deines Lebens.

Engel

Was ist, wenn du ein Engel bist?
Ein Engel mit unsichtbaren Flügeln?
Was ist, wenn du ohne Flügel fliegst?
Bist du jederzeit zum Absturz bereit?
Was ist, wenn ich falle?

Schließt du mich dann in deine Arme,
fliegst mit mir davon?
Was ist, wenn du fällst?
Hast du dann genug Kraft, um wieder aufzustehen?
Was ist, wenn du meine Nähe spürst?
Verbrennst du dann innerlich?
Fängt dein Herz schneller zu schlagen an?
Wieso hast du all diese Geduld mit mir,
wenn ich doch manchmal so schwer bin?
Ich weiß es.
Du bist ein Engel.
Ein Engel auf Erden.
Ich liebe dich.
Ein Leben lang.

Die Welt malen

»Lass uns unsere Welt doch einfach malen«, sprach der Junge zu seinem Großvater. »Die Welt wäre gleich so viel interessanter!« Opa zückte einen Pinsel, der schon ziemlich alt zu sein schien und noch nicht mal richtig sauber war. Man konnte die Farben, mit denen gemalt worden war noch deutlich erkennen. Der Pinsel trug sie wie ein buntes Kleid, das wie ein Regenbogen schimmert, wenn der Regen die Erde berührte. Ein verschleiertes Grau, wie der Regen, der ans Fenster klopfte. Ein Weiß wie der Schnee, der im Winter vom Himmel fällt.

Was wäre, wenn wir wie dieser Junge einfach einen Pinsel in die Hand nehmen und uns unsere Welt selbst malen würden? Was käme dabei heraus? Würden wir heute woanders stehen? Würde es heute vielleicht keine Armut, keinen Reichtum geben und was ist wahrer Reichtum überhaupt? Was wäre, wenn wir das tun könnten?

»Opa schau‘ mal! Ich habe die ganze Welt gemalt!« Der Opa betrachtet das Werk des Jungen und staunt. »So siehst du mit deinen Augen also unsere Welt.« Auf dem Bild gab es Wälder, Seen und Flüsse. In satten Grüntönen, einem sanften Erdbraun und einem kristallklaren Blau strahlte die Welt ihnen beiden entgegen. Keine Kriege legten sich über die Länder, keine Waffen regierten die Mächte. Alle waren umhüllt von Liebe. Was würde ich dafür geben, mir meine Welt selbst zu malen, sodass jeder Mensch, das bekäme, was er verdienen würde. Ein Teil der Sonne, ein Teil des Glücks und ein Teil meiner Welt, die ganz viel Liebe für jeden bereithält.

Sommer. Herbst. Herz.

Sommer, Herbst und Herz, was hat man nicht alles in dieser Zeit erlebt, obwohl alles mit einem frischen und süßen Frühling anfing, dem zarten Duft von Maiglöckchen. In einem Frühling, wo man noch alles in der Hand hatte, wo man sein Jahr bestimmen konnte, auch wenn da Schicksal in der Zeit seinen eigenen Lauf nahm.

Im Sommer ging dann alles weiter, das Schicksal und das eigene Leben ging seines Weges. Man sah die Welt mit offenen Augen, alles geschärft und fühlte sich frei und wohl in seiner Haut.

Frei.

Jeder Tag begann mit einem strahlend blauen Himmel, warmer Sommerluft und einem wundervollen Lächeln, doch dabei blieb es nicht.

Der Herbst beginnt nun und das Lächeln versinkt hinter seidenen Fäden und Mienen die wie eingefroren. Die Blätter fallen, träumend.

Die Freiheit im Herzen beginnt zu vereisen, über die See hinwegzustürmen.

Doch eines wird nie vergehen – unser Herz, das liebt.

Klangvoll

Der Mond wird dunkler und du erhellst mir
den Weg in der einsamen, kalten Nacht.
Die Sonne wird kühler und du bist mein Sommer im eigentlich
so warmen Juli.
Das Meer geht zurück und du gibst mir ein Diamantenmeer,
viel schöner als das vorige.
Die Sterne verbrennen und du gibst mir den Schutz, den ich
jetzt brauche.
Das Gras verkümmert und du malst mit deinen Worten das
Grün.
Die Musik verstummt und du und deine Stimme reden so
klangvoll, dass ich dafür keine Musik mehr brauche.
Die Lichter erlöschen und du erhellst den Raum mit Liebe und
deinen tollen Worten.
Der Sonnenuntergang wäre ohne dich nicht das, was er jetzt ist.
Der Sonnenaufgang würde nicht so hell strahlen, wärst nicht du
da, du Diamant.
Meine Welt, meine Erde, mein Ich wären nicht dasselbe,
wenn du uns nicht mit Liebe erfüllen würdest.

Ritter meines Herzens

Du kamst angeritten auf einem weißen Ross, vermummt mit einem Schleier aus dichtem Nebel, dass ich dich kaum erkannt hatte. Du knietest dich vor mich, sahst mich mit großen Augen an und hast mir deine Hilfe angeboten. Hilfe, die ich brauchte,

denn der Fall war hart und ich fiel tief.
Mein Gesicht stand voller Tränen und ich zitterte am ganzen Körper.
Die Augen ihres Glanzes beraubt.
Es war eisigkalt und ich fühlte mich einsam.
Du hast dich zu mir gesetzt und warst da - einfach nur da,
während mich deine Wärme umhüllte.
Deine Stimme klang so sinnlich, so beruhigend. Deine Nähe war Gold wert.
Wir fanden kein Ende, wollten keines, doch du musstest fort.
Ich hingegen blieb. Und du warst alleine losgeritten, ließt mich dort, bis zum Morgengrauen. Doch du hattest versprochen wiederzukommen.
Am Morgen warst du wieder bei mir, doch ich konnte kaum mehr atmen, war wie versteinert. Kein Mensch, eine Statue.
Du hast dich zu mir gesetzt und versucht mir zu helfen, ein weiteres Mal.
Deine Berührung, zärtlich.
Die Mauern um mich herum, eingehüllt,
beginnen zu zerbrechen.
Du nahmst mich in deine Arme, setztest mich auf dein Pferd,
während wir den Morgengrauen entgegen ritten.
Seitdem bist du der Ritter meines Herzens.

Liebeskraft

Ich lernte dich kennen,
mit Angst,
mit Staub auf meiner Seele.
Du nahmst mir meine Tränen,

vermachtest mir das Lächeln,
dass ich nun auf den Lippen trage.
Du gabst mir Liebe, Zärtlichkeit, Geborgenheit,
ich gab dir nichts.
Tat dir weh.
Nun bin ich hier,
alleine,
du bist nicht hier,
und ich weiß:
Ich liebe dich, du gabst mir die Kraft.
Das Alles gut zu überstehen,
dass alles gut zu machen.

Deine Liebe gab mir Kraft,
und ich gebe dir Geborgenheit,
auch wenn das nur der Anfang ist.

Sonnenschein

Du bist meine Welt,
meine Luft,
mein Sommer, indem du der Sonnenschein bist.
Du bist der schönste Wald,
die schönste Wiese,
die schönst blühende Blume am Wegesrand.
Du bist der schönste Vogel,
das schönste Tier,
das auf der anderen Seite der Welt lebt.
Ich bin glücklich,
dich zu haben.

Du bringst mich zum Lachen,
wenn ich wein',
bringst mich zum Weinen,
wenn ich dein Lachen sehe und glücklich bin.

Du bist mein Sonnenschein,
den ich immer lieben werde, bis es nur noch den Mondschein
gibt.

Wenn hinter dir ein Schatten lauert, trete ein Stück zur Seite
und fülle ihn mit den zarten, goldenen Strahlen der Sonne aus.

Das Leben ist wie ein Buch.
Voller Worte.
Voller Weisheit.
Voll von Höhen und Tiefen.
Voller sehnsuchtsvoller, freudiger Momente.
Doch eines bringt das Leben, im Gegensatz zu einem Buch,
nicht mit sich. Die Rezension.

Pflücken wir heute die farbenprächtigen Rosen unseres Lebens,
denn morgen könnten sie schon verwelkt sein,
und vertrocknet mit dem Wind,
in ein besseres Leben fliegen.

Wirklichkeit

Nun weiß ich, was mir fehlte.
Du fehltest mir in meinem Leben.

Meilenweit schlich ich durch dunkle Wälder,
eiskalte Meere, tränenschwere Stunden.
Doch dann fand ich dich.
Jedes Lächeln, erhellte mein Wesen.

Die Wirklichkeit, die nicht in mir lebte,
erhellst du Tag für Tag und lässt sie Leben.

Wirklichkeit bist du.

Wenn die Wirklichkeit wirklich ist, wie wirklich ist die
Wirklichkeit, in dem du mein Herz geöffnet und eine Blüte
hineingepflanzt hast?

Das Vertrauen in uns selbst,
ist wie das Zusammenspiel von Sonne und Mond.
Feuer und Wasser.
Erde und Luft.

Stolz ist das,
woraus man seine Träume schöpft.

Eine Feder,
die Weisheit des Lebens.

Träume entfalten lassen in dem Licht des Mondes.
Wünsche säen im Sternenzelt.

Das gelebte Leben,
dessen Weisheit,
einer Feder,
zeigt das Leben.

Ein Glas mit Konfetti,
ist dein Sein,
das in der Abendsonne glitzert.

Wie der Fuchs dem Vogel die Freundschaft,
so dein Herz in voller Blüte.

Die Blüte des Lebens ist rein wie das kristallklare Meer.

Ich halte deine Hand,
spürend deine Wärme.
Sehe in deine Augen und weiß,
dass wir füreinander geschaffen sind.

Dem Winter entgegen …

Belebend, schwer. Ein Winter, nicht mehr.

Erst während der Trennung erkennt man,
die Tiefe der Liebe,
den Schmerz der Zukunft.

Die Zeit heilt alle Wunden,
doch ein kleiner Splitter bleibt.
Im Herzen.

Abschiednehmen heißt nicht für immer.
Abschied nehmen heißt ab hier: „Bis bald, wir sehen uns
wieder!"

Worte, die auf Papier langsam verschwimmen,
Worte auf Papier, fast unsichtbar,
Worte auf Papier, nie dagewesen.

Wenn du wüsstest,
was deine Worte mit mir machen,
deine Taten in mir auslösen.
So wüsstest du,
dass in mir tiefster Winter herrscht.

Ein Hauch von Schwarz auf nassem Papier.
Regen prasselnd auf den Fenstersims.
Gedanken verstummen,
werden zu einem Gebilde aus Furcht.

Kerzenschein, Flammen erloschen.
Eine Träne bettend in sanfte Seide.
Ein Moment. Die Zeit steht still.

Der Mond in all seinen Grautönen,
die Sonne in ihrem zarten Gelb.
Der Tag wie ein unbeschriebenes Blatt.
Die Nacht wie etwas, das niemals geschah.

Es ist so monoton,
monotoner geht es nicht.
Deine Berührungen sind monoton,
dein Atem bei jeder dieser ist es.
Monotonie.
Ich öffne die Tür, sehe hinaus.
Monoton.
Du gehst.
Monotonie.

Liebe soll nicht wehtun,
nicht welken.
Sie soll beflügeln,
auch wenn dein Herz brechen kann
wie ein Kristall.

Tausend Male habe ich deine Nummer gewählt,
tausend Male hast du aufgelegt.
Kein Wort von dir galt mir.
Nicht einmal deine gelogene Liebe,
die die Fensterscheibe eiskalt herunterrann wie Regen.
Das Karussell des Lebens dreht sich,
die Zeit verrinnt wie warmer Sand in meinen Händen.
Du hältst nicht an, du reagierst nicht,
starrst auf die Uhr und wünschst dir, die Zeiger würden stehen
bleiben.
Ein Windhauch streifend dein Gesicht,
dein Blick ins Leere, nicht verstehend das Laute der Welt.
Und das Karussell es dreht sich.

Rotlicht

Du wanderst im roten Licht und fragst dich, ob es gut ist, was du tust. Ist all das, was du in deinem Leben getan hast jemals gut gewesen? Gut genug für andere? Gut genug für dich selbst?

Du wanderst weiter.

Es ist kalt, die Tränen laufen über dein Gesicht.

Ist es nur dein Körper, der etwas von dir will, oder ist es dein Charakter?

Trägst du den Stempel, doch niemand ist da, um dich zu retten? Keiner steht hinter dir. Es gibt niemanden.

Es wird immer kühler und du wanderst weiter. Die Straße ist leer und die Laternen spenden Licht. Das Licht fließt in dein Herz, in deinen Kopf, in deine Emotionen. Deine Gefühle fahren Achterbahn.

Langsam wird dir etwas wärmer, weil du deine Arme um dich schlingst, dich selbst im Arm hältst, weil niemand anderes es tut. Ein Zittern legt sich auf deine Hände, du weißt nicht wohin mit dir.

Bewegst dich im Takt der Musik, die aus einer verrauchten und muffigen Diskothek zu dir nach außen dringt. In die Nacht. In die Kälte. Erschüttert Mark und Knochen.

Du bewegst dich im Takt der Musik, im Zittern des roten Lichtes. Selbst deine Tränen, die deine Wangen hinuntergleiten, färben sich rot und du spürst, wie das Blut in deinen Adern zu gefrieren anfängt.

Dein Lippenstift, der dich heute so viel gekostet hat, ist verschmiert vom gewaltigen, nicht gewollten Kuss eines Fremden. Er hat dich benutzt, dir ist das klar, genau wie du den Lippenstift, der jetzt in deiner Jackentasche verweilt benutzt hast. Benutzt, um schön auszusehen. Benutzt, um sich hinter einer Maske zu verstecken.

Die Lichter flimmern, dann gehen sie aus. Nein, sie sind in weiter Ferne, denn du bist von der Straße abgekommen, deinem Weg. Das rote Licht erlischt und dort steht er – du hast die Wahl.

Wunder

Du siehst mich an und ich denke, dass dieses Wunder geschehen ist, doch dieser Blick trübt all meine Sinne. Es ist wie mit unzähligen Seifenblasen. Entstehen sie, sind sie glanzvoll und erfreuen dich mit einem zarten Lächeln, welches sich auf deine Lippen legt. Zerplatzen sie, und ihre Schönheit geht verloren, verschwindet auch dein Lächeln. Genauso fühle ich mich manchmal, denn dann denke ich, dass es wie ein Wunder ist, wie du dich gibst, aber es gibt auch Tage, da verfliegt es und nimmt mir mein Lächeln mit. Manchmal scheint die Sonne und lässt mich glänzen, auch wenn mein Herz schwer wiegt wie ein Stein. Dann prasselt der Regen auf meinen Kopf und die Regentropfen so zart wie meine Tränen, betten sich in mein Haar. Der Lauf des Lebens. Der Lauf der Liebe.
Kannst du mir dieses Wunder noch einmal schenken?

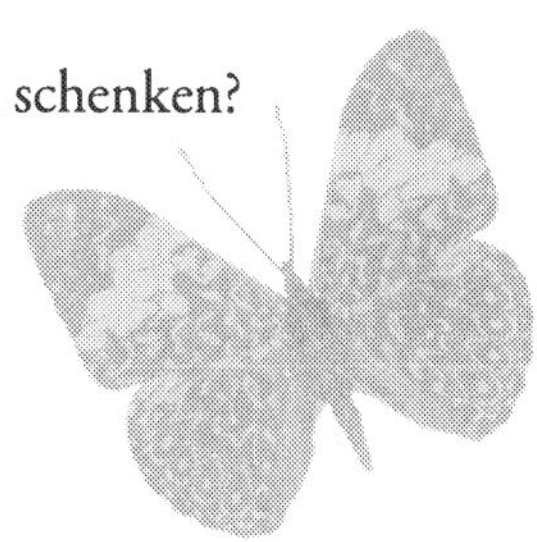

Blutrot

Blutrot sind deine Lippen,
weil sie mir einen Kuss stehlen wollen.
Blutrot sind deine Gedanken,
weil sie mir meine Seele entreißen.
Blutrot sind deine Gesichtszüge,
weil sie den Schatten von mir leiten.
Blutrot sind deine Hände,
weil sie den Schmerz von mir nehmen.
Blutrot ist deine Welt,
weil sie mich erschüttert.

Luxus deiner Seele

Manchmal denke ich, deine Seele ist mein Luxus. Dein Verständnis. Deine Ehrlichkeit. Deine Treue. All das sind Dinge, die mich nie zweifeln lassen, dass du mein wahrer Luxus bist. Schaue ich in deine Augen, sehe ich alles, was ich je sehen wollte. Liebe. Verständnis. Wärme. Nähe. Es fühlt sich so wundervoll an, zu wissen, dass du da bist. Mir ganz nah. Nicht weichen wirst. Wenn du mich im Arm hältst, erfühle ich deinen Herzschlag und deine wundervollen Gedanken, die nur von Liebe sprechen. Ich kann es hören. **Schweigen.**

Es gibt keinen anderen Mann in meinem Leben, der meine Seele berühren kann und es wird auch nie einen Mann geben, der mir seinen Seelenluxus so in mein Herz brennt.

Verbrennung.

Verschmelzung.

Auf ewig.

Federleicht

So blutig deine Träne ist – kämpfe.
So blutig deine Augenblicke sind – kämpfe.
So blutig deine Seele ist – kämpfe.
So blutig dein Körper ist – kämpfe.
So leicht deine Seele auch ist – weine.
So leicht deine Träne ist – weine.
So leicht dein Kopf ist – weine.
So leicht deine Gedanken sind – weine.
So schwer deine Seele ist – lebe.
So schwer deine Gedanken sind – lebe.
So schwer dein Leben ist – lebe.

Wege zu dir

Es führt ein Weg zu dir,
ein langer, steiniger Weg.
Es führt ein Weg zu dir,
ein kalter, regnerischer Weg.
Es führt ein Weg zu dir und deiner Liebe.
Es führt ein Weg zu dir,
ein einsamer, lebloser Weg.
Es führt ein Weg zu dir,
ein steiniger Weg.
Es führt ein Weg zu dir und deinem Herzen.
Es führt ein Weg zu dir,
ein leiser, knarrender Weg.
Es führt ein Weg zu dir,
ein Weg zu deiner Seele.
Es führt ein Weg zu dir und keiner zurück.

Über den Dächern

Ich schaue auf die Stadt und sehe, wie der Fabrikrauch den Himmel emporsteigt. Wie gerne würde ich dort sein, wo der Rauch sein Ende findet. Einfach mal zum Himmel fliegen – frei sein, die Wolken berühren. Und doch wirkt diese Stadt so trist. So grau. Die Bäume fangen an ihre Farbe zu verlieren. Blätter fallen auf den nasskalten Boden. Es wird immer kühler und ich merke, dass ich anfange, zu frieren. Ich schaue mich um und sehe kaum Kinder auf dem Spielplatz, der hier so schön ist im Sommer und voller Lachen ausgefüllt. Beobachte die Leute wie sie meilenweit nebeneinander hergehen, keine Miene verziehen. Kein liebendes Lächeln auf dem Gesicht tragen, keinerlei Liebe für ihren gegenüber verspüren. Alles ist so trist und ich merke wie eine warme, voll Leid gefüllte Tränen meine Wange hinuntergleitet.

Ich schaue in die Ferne und male mir aus den Wolken dein Gesicht, doch du bist nicht da, nicht zu sehen. Du kannst mir nicht helfen, mich nicht wärmen. Mir wird immer kälter, ich zittere. Ich sehe das Menschen aus ihrem Fenster herausschauen. Sie haben Tränen in ihren Augen. Sie lehnen sich weinend gegen die Wand und ich kann meinen Augen nicht trauen. In einem anderen Fenster sehe ich ein Paar, das sich einst liebte, streiten, sich schlagen. Warum? Ich klopfe gegen die Scheibe, doch sie hören mich nicht. Ich sehe, wie die Frau im Weinen und von den Schlägen auf den Boden sinkt. Der Mann aber geht. Er fürchtet sich nicht. Nicht vor sich, nicht vor jemand anderem.

Traurigkeit macht sich in mir breit. Es zerbricht mir das Herz und ich weiß, sie wird es alleine nicht schaffen. Ich halte mir den Kopf und wieder huscht eine Träne meine Wange hinunter. Wie war es noch? Wie die Blätter träumend fallen, du weinst und kannst es nicht verstehen.

Die Blätter fallen weiter und die Personen hinter den Fenstern verschwinden langsam im dichten Nebel aus Traurigkeit. Ich entferne mich vom Fenster, lebe mein Leben und ich merke wie sich das Zimmer vor mir erhellt mit deiner Anwesenheit. In diesem Moment verschwindet alles schlechte und als ich mich umdrehe und zu ihr schaue, zwinkert sie mir zu. Und ich weiß ganz genau, was sie damit meint.

Schattenengel

Viele Menschen stehen oft im Schatten ihrer selbst, ohne recht zu wissen, wie sie raus kommen sollen. Es gibt wirklich tolle Menschen, richtige Engel, und dennoch stehen sie in ihrem eigenen Schatten. Es ist wie eine Welt, die nur aus einer Mondfinsternis besteht, genauso schlagen die Herzen im Takt lautlos vor sich hin.

Es ist, als würde man in einer eiskalten Nacht auf einer Bank sitzen, versteinert und die Welt liefe an einem vorbei. In den eigenen Augen spürt man die Traurigkeit, doch keine Träne läuft die Wange herunter, da sie zu Eis gefroren ist. Der Engel fühlt sich an, als würde er nicht mehr leben oder gar wahrgenommen werden.

Die Straßenlampen erlöschen und man spürt, dass es so nicht weiter geht. Doch man steht auf und geht diesen Weg, man schaut nach vorne und für einen Moment übertrumpft die Sonne unseren Schatten.

Broken Heart, Shinny Glasses

Die Gläser glänzen wundervoll und doch sind sie heute Abend zersplittert. Das Herz ist gebrochen wie das Glas, das zu Boden gefallen ist und doch glänzt es auch in dem zerbrochenen Zustand. Wir liegen am Boden und weinen, können die Welt nicht mehr verstehen, spüren uns selbst nicht mehr, doch halten wir uns die Hände. Wir spüren leichte Wärme, doch unsere Herzen sind kalt – dein Herz ist kalt.

Du stehst auf und gehst. Ich sitze hier auf dem Boden und verweile noch ein wenig. Schaue mir das Glas genauer an und erkenne mich darin. Wie viele Tränen wurden geweint, wie viele Streitereien sind zum Himmel heraufbeschworen worden und wie viele Gläser sind aus unseren Händen geglitten? Selbst die Vase, die neben mir steht, marmoriert, Risse zieren ihre Silhouette, trägt ihre Vergangenheit mit sich, genau wie mein Herz, und es ist an der Zeit aufzustehen und die Tür hinter sich zu schließen.

Vom Schatten ins Licht

Melancholie macht sich in mir breit.
Trete vom Schatten ins Licht.
Graue Tage, kalte Momente.
Sonnenschein, minimale Wärme.
Mal hell, mal dunkel.
Mal blau, mal Gold.
Mal in der Ferne, mal in der Nähe.
Regen prasselnd.
Sturm wehend.
Liebe gesät.
Wind.
Deine Nähe, Küsse treffend.
Wolken weiter ziehend.
Licht.
Schatten.
Hindurchziehend wir beide.
Laternen mit gelbem Licht.
Funken.
Weitere Wege.
Nicht alleine.

Zerbrechlich wie Glas

Gläser klirren,
fallen zu Boden.
Nebel zerfällt zu Staub.
Die Welt verliert ihr Herz.

Durch meine Augen hindurch,
Schutz suchend.
Die Welt zerbricht in ihre Einzelteile,
stehe daneben,
wortlos.
Nicht ein Wort auf meinen Lippen, findend den Weg nach
außen.
Verstummend.
Durch meinen Kopf hindurch.
Gedankenfrei sein.
Glas.
Scherben.
Kälte.
Sich verlierend,
von der Nacht umgeben,
kein leiser Zauber in ihr erwacht.
Keine Melodie sich in meinen Kopf setzt.
Scherben berührend.
Blut auf Marmor.
Kopf gesenkt – leblos.
Eine Seele aus Splittern.
Flickwerk.

Der Abschied

Ein neues Leben hat begonnen,
eine Zeit, die es vorher nie gab.
Ich werde mich verabschieden,
von allem, was mir lieb ist,
von dir, mein Leben.

In der Zeit warst du alles für mich,
meine Welt, mein Meer, mein Licht.
Doch diese Welt liegt nun in Scherben,
das Meer wird zur Ebbe,
das Licht erlischt.
Doch ich werde dein Licht sein,
du wirst mich sehen.
Denn ich bin dein hellester Stern am Himmel, der immer für dich leuchten wird.

Abreissen der Nacht

Ich gehe mit meiner Seele Hand in Hand.
Gehe mit meinen Gedanken, weit weg von hier.
Bin am Ende meines Lebens angekommen,
wo ich es nun abgeben muss.
Eines Tages werde ich gehen,
ohne dich,
ohne Liebe,
ohne Worte.
Meine Worte verstummen, im Rauschen der Meere.
Meine Gedanken verschwinden, weil ich an dich denke.
Es ist kalt hier - es ist Nacht.
Werde nun gehen, weiter weg - weg,
ich werde die Nacht abreißen - bis zum Tage.

Herz

Eiskaltes Wasser läuft über mein Gesicht,

die Stimmen verstummen.
Ich bin in Gedanken und taumel,
taumel nach links, mal mehr nach rechts.
Bin in Gedanken versunken und falle tief.
Der Fall ist hart, die Mauer in mir nur ein Schutz.
Du bist soeben aus der Tür gegangen und dachtest nicht an mich.
Nicht eine Sekunde, kanntest du die Sprache meines Herzens,
nicht eine Minute, kanntest du die Sprache meiner Seele.
Nicht einen Tag, kanntest du meine Gefühle, die Sprache meiner Tränen.
Du bist einfach gegangen und kamst nicht mehr wieder.

Nahmst mir die Kraft, mein Lachen, mein Ich.
Es fühlt sich an, als sei ich tot und du lebendig.
Lebendig ohne mich, lebendig ohne mein Herz an deiner Seite.
Und nun weiß ich, dein Herz schlug nie für mich.

Liebe leben

Ich lebe die Liebe,
ich liebe das Leben,
einst war dies Gefühl nicht mehr da,
es existierte nicht mehr.
Das Ziel verschwomm und der Nebel zog sich zu.
Du hast mich verraten,
bist davon gegangen.
Hast mich zurückgeworfen,
mit Worten, mit Taten,
mit Gedanken.

Nun stehe ich hier an diesem Fluss,
höre ihn rauschen,
höre ihn weinen.
Mich überkommt ein Gefühl von Angst und ich merke,
wie du mich hinein schubst.
Ich weine,
flehe,
bin rasend vor Wut.
Doch du gehst, gehst immer weiter, entfernst dich und ich gehe
immer mehr und mehr dahin.
Mit dem Strom und nicht mehr gegen ihn.
Ich zerstöre die Bilder in meinem Kopf,
ich zerstöre die Bilder,
die ich einst erlebte.
Bilder, die schmerzten,
Bilder, die mir Schmerzen zufügten.
Bilder, die zu einem Puzzle wurden,
Bilder die nie zusammenpassten.
Bilder, die so schön schienen,
doch Schatten mit sich brachten.
Bilder die schwarz-weiß waren und nie bunt.
Bilder, die neu waren und alt aussahen.
Bilder die der Vergangenheit angehören und nie Zukunft
werden.

Die Erlösung

Der Schmerz haust in mir,
du weißt was du tust, oder?
Ich sitze hier,
warte,
höre,
sehe,
fühle,
schreie,
weine.
Keine Stimme ist zu hören.
Auch nach Stunden höre ich nichts,
nur mich.
Ich
höre,
sehe,
fühle,
schreie,
weine.
Es ist eine Ewigkeit vergangen und immer noch kein Zeichen
von dir.
Ich
sehe,
fühle,
schreie,
weine.
So langsam weiß ich nicht mehr weiter,
du bist weg,

einfach nicht da.
Doch ich fühle,
schreie,
weine ohne Erfolg.
Im Moment fühle ich nur noch Schmerz,
schreie ihn raus und weine bis zum bitteren Ende.
Doch die Erlösung sind die 3 Dinge, du bist nicht mal eines.

Die Blüte

Die Blüte verwelkt,
mein Herz schreit nach Liebe.
Es gibt dich nicht.
Du bist so weit weg, nicht mehr hier.
Nicht in meinem Leben, nicht in meinem Herzen.
Ich habe dich verloren.
Wo bist du nur hin?
Doch wenn eines Tages die Blüten wieder blühen,
werde ich dich wiedersehen.

Das Mondlicht

Ich trieb dich an, doch du konntest nicht weitergehen.
Du betteltest,
du wolltest leben.
Ich trug dich bis dorthin,
an den Platz der Ruhe und Vollkommenheit.
Du schliefst ein, ich weinte - bittere Tränen,
bis hinein in die dunkle Nacht.
Die Nacht bewahrte mir das Dunkle nicht vor. Geschrei und
Schmerzen hallten durch die kalte Nacht.
Das Mondlicht - lächelte - weinte,
wahr scheinheilig,
doch ich konnte nicht entziffern,
was es von mir wollte.
Der Tag begann,
und du Mondlicht starbst,

mit ihm in der tiefen, dunklen Nacht.

Created

Der Wald verstummt mit meinen Lauten,
die Vögel verstummen von meinen Schritten,
die Blumen verwelken, durch meinen Atem,
die Bäume vertrocknen, durch meine Bewegung,
die Tiere verlieren ihre Zukunft, durch mein Seelengeschrei.
Es wurde kreiert durch mein weinendes Herz.

Tiefe und Nähe

Meine Nähe zu dir ist tief,
ungebunden und intensiv.
Mein Kuss der deine Lippen bedeckt,
ist verdeckt, gelogen und wallend.
Deine Augen zeigen mir nicht die Lügen,
die ich eigentlich hören sollte.
Ich bin tief, ungeduldig und kühl.
Will aus dem Kreis raus,
der mich so still sein lässt.
Die Musik die leise in mir tobt macht mir Angst,
denn es ist wie die Tiefe und Nähe zu dir.

Mauern

Ich habe dich wieder gesehen,
in meinen schönsten Träumen.
Du standest da,

ohne ein Wort zu sagen.
Als ich dich berührte,
warst du kalt.
Erst jetzt merke ich,
ich stand zwischen zwei Mauern.

Kalte Nacht

Ich schlendere durch die Straßen,
suche jemanden der mich fest in seinen Armen hält,
auffängt und mit mir den Weg nach Hause geht.

Die Lampen erhellen das Pflaster,
versuchen mich zu blenden.
Ich renne das ganze Stück wieder zurück.
Zurück in den Schatten.

Nun stehe ich wieder hier.
Hier, wo ich schon in der Vergangenheit gestanden habe.
Gestanden in Elend und Leid.

Ich lausche in die tiefe Nacht,
alles ist düster und mir wird immer kälter.
Ich merke, wie ich aufhöre zu atmen,
in dieser kalten Nacht.

Der Kampf zwischen dir,
deiner Vernunft,
deiner Wehmut,
ist ein Kampf der Unendlichkeit.

Danksagung

Ich möchte mich ganz herzlich bei der lieben Emilia für dieses wunderbare Cover für »Blütenzyklus« bedanken. Mit diesem Cover hast du meine lyrische Sammlung nur noch mehr untermalt. Du bist und bleibst meine Covergöttin!

Ein Danke schön gilt auch für meine wunderbaren und wertvollen Testleser, die meine geschriebenen Zeilen nur so verschlungen haben und für deren tolles Feedback ich sehr dankbar bin. Dazu gehören: Anne, Alexa, Alice, Janina, Saskia, Lara, David, Helene, Steffi und Charlotte.

Leseprobe zu

Wie Schatten so golden

Ein Jahr zuvor

Vergangenheit

Die hölzernen Minutenzeiger der Wanduhr wandern unentwegt voran, ohne dass meine müden Gedanken, die ihnen zuflüstern, sie sollten endlich stehen bleiben, sie zu einem Innehalten verleiten können. Das Ticken klingt wie eine Trommel, die den Takt angibt, bevor das gesamte Orchester sich nahezu ohrenbetäubend in Gang setzt.

Tick.

Tack.

Tick.

Tack.

Die Müdigkeit steckt tief in meinen Knochen und sie droht, mich ein weiteres Mal an sich zu reißen und einzuhüllen wie der seidige Kokon einer Spinne. Wie im klebrigen Nebel, der Albträume zu Tage bringt und die Erinnerungen hervorholt, die ich vergessen möchte.

Mit aller Kraft versuche ich, mich wach zu halten, blinzle mit den Augen, doch meine Lider wiegen bleischwer, sodass sie wieder zufallen und ich das Gefühl habe, in die Tiefen der Unendlichkeit zu fallen. Den Rhythmus des Tickens der Uhr konnte ich nicht verlangsamen und noch immer nehme ich es wie von einem dichten Nebel umwoben, wahr.

Die halbe Nacht habe ich mich dem Feinschliff an Opas Geschenk hingegeben und nicht eher aufgehört, bis es so war, wie ich es mir vorgestellt hatte.

Perfekt.

Ohne Fehler.

Du musst wissen, wenn es darum geht, jemandem eine zu Freude zu machen, und wenn ich für mich beschlossen habe, selbst etwas zu erschaffen, kann ich nicht lockerlassen, bis es so ist, wie es sein soll. Perfekt eben.

Ich habe in solchen Situationen den Willen, es bis ins kleinste Detail zur Vollendung zu bringen. Der *perfekten* Vollendung. Ungefähr so, wie Gott himself die Welt erschuf.

Detailreich.

Lebendig.

Immer weitermachen, wie die Menschen, die jeden Tag zur Arbeit rennen, um das System am Laufen zu halten. In solchen Momenten fühle ich mich so – so mittendrin, als würden wir Menschen wie kleine Planeten auf dem Ring des großen Saturns kreisen, wie von einem Magneten angezogen auf ihm herumtänzelnd, ohne uns auch nur eine Sekunde lang losreißen zu können.

Langsam öffne ich meine Augen, drehe mich mit einer langsamen Bewegung auf die Seite und sehe herüber zur Wanduhr. Mein Blick ist leicht verschwommen und ich erkenne sie nur schemenhaft. Was, wenn es nicht die Uhr ist, sondern ein Monster, das sich auf die Pirsch gelegt hat und lauert? Lauert, nach mir. Mich beobachtet, aus seinen großen, fast riesig wirkenden Augen. Die Pupille ist ein dünner, schwarzer Strich, der die Finsternis der Bosheit darunter verbirgt, wie Schatten das Licht. So lange, bis mich die Müdigkeit übermannt, ich einschlafe und es seine spitzen Beißer in mein mageres Fleisch bohrt. Sich genüsslich darüber hermacht.

Schmatzend.

Lachend.

Sich über die schmalen Lippen leckt und die spitzen Beißer blank hervorblitzen. Bei dem Gedanken daran löst sich die verschwommene Sicht in Luft auf und ich erblicke tatsächlich die Uhr und keine Monstrosität.

Es hätte mich nicht gewundert, wenn es eine gewesen wäre. Das Leben hält immer wieder Wunder für mich bereit, auch wenn ich nicht darum bitte. Ich will zwar diesen einen Teil in meinem Leben perfekt machen, aber ich strebe keine perfekte Veränderung an, die ich aus der Kammer hole, sie abstaube und einlade, für immer an meiner Seite zu leben.

Kurz kneife ich die Augen zusammen, öffne sie dann aber wieder und blicke nochmals zur Uhr. Ich bin erst vor einer halben Stunde eingeschlafen. Kein Wunder, dass ich Müdigkeit verspüre und solche abstrusen Gedanken forme. Ich beschließe im Bett liegen zu bleiben und nicht aufzustehen.

Für ein paar Minuten nur noch einmal die Augen zu schließen.

Den Blick von der Uhr abgewandt, drehe ich mich wieder auf den Rücken und starre der weißen Zimmerdecke entgegen. Irgendwie trostlos. So wie es sich auch in meinem Inneren immer mal wieder anfühlt.

Leer.

Das Leben ist eine rasante Achterbahnfahrt aus Höhen und Tiefen. Zumindest in diesem einen Moment und ich kann gar nicht genau erklären, woran es liegen könnte. Immerhin führe ich ein gutes Leben. Bin ein Sohn von tollen Eltern, gehe zur Universität und kann mich glücklich schätzen, gesund zu sein.

Gedanken über Gedanken.

Ich hätte früher schlafen gehen und mich dem Feinschliff an Opas Geschenk jetzt erst hingeben sollen. Mir fehlt der Schlaf, obwohl das Maß an diesem schon immer „überbewertet" wird, nicht wahr? Aber wenn er sich erstmal an dich heftet, wie dickflüssiger Kleber, wirst du das mit großer Sicherheit ganz, ganz anders sehen. Dann fühlt es sich so an, als würde Treibsand dich gänzlich verschlucken wollen.

Gestern hat mich aber jemand wachgehalten: mein bester

Freund James Harper. Während ich an dem Geschenk bastelte, rief er mich an und wollte sich mit mir unterhalten. An Schlaf war somit nicht mehr zu denken. Sein Redebedarf ist manches Mal, sagen wir, erdrückend. Mehrere Male versuchte ich, ihn abzuwimmeln, weil ich ins Bett wollte, aber bekam keine Chance dazu. Also musste ich mich wohl oder übel mit ihm unterhalten.

In dem Gespräch ging es um unsere Geschwister und gemeinsam packten wir die witzigsten Kindheitserinnerungen aus, die wir in all den Jahren zuvor in unseren staubigen Hinterstübchen abgespeichert hatten. Als wir auch die letzte Erinnerung ausgegraben hatten, berichtete James, dass sein Bruder Dean, der drei Jahre älter ist als er, nämlich 20, momentan auf Studienreise in den Staaten unterwegs wäre. Meine Schwester Linda hingegen hat ihre Studienreise, wofür sie über Jahre hinweg gespart hatte, an den Nagel gehängt. Ihre Träume waren schon immer die Größten, zerplatzten aber wie Seifenblasen. Niemand von uns weiß, warum sie sich dagegen entschieden hatte, aber irgendwie ist sie schon öfter etwas sprunghaft, stellt viele ihrer Entscheidungen infrage. Es war daher nur eine Frage der Zeit, bis sie auch diesen Wunsch an den Nagel hängen würde. Jedenfalls entschied sie sich dann für einen Aushilfsjob an der Kinokasse.

Nichts Halbes, nichts Ganzes.

James und ich legten auf und mein „glühendes“, rotes Ohr hatte endlich Pause. Meine Gedanken hingegen wollten nicht schlafen und so dachte ich an meine Eltern.

Vor ein paar Jahren haben sie sich einen langersehnten Traum erfüllt. Sie besitzen einen kleinen Laden für Cupcakes und Desserts. Er trägt den Namen „Dessert Lights“. Der Laden läuft wirklich großartig und ich bin nachmittags nach der Universität gerne dort, um ihnen unter die Arme zu greifen. In der Woche ist er ziemlich gut besucht, weshalb sie auf jede helfende Hand angewiesen sind. Selbst die Aushilfe, die sie eingestellt haben, reicht nicht aus, um das Pensum nur annähernd zu schaffen. Eine weitere wollen sie aber nicht einstellen, weil sie mit Marie sehr zufrieden sind und befürchten, dass jemand Neues nur Ärger bringen könnte. Meine Schwester hingegen legt keinen Wert darauf, mit anzupacken und macht sich lieber einen schönen Abend mit ihren Freundinnen. Begeistert sind unsere Eltern nicht davon, aber mittlerweile nehmen sie es einfach hin. Was bleibt ihnen auch anderes übrig?

„Dessert Lights" ist am Wochenende, niemand weiß wieso, weniger gut besucht, weshalb meine Eltern ihn geschlossen halten und ihre Zeit anderen Dingen widmen, die sie genauso sehr lieben wie den Laden.

Ich denke an all die Köstlichkeiten, die diesen kleinen Laden zärtlich in einen wunderbaren Duft hüllen. Es scheint, als würden sie direkt vor meiner Nase schweben. Wie gerne ich jetzt dort wäre, aber wir haben Sonntag und somit Zeit für Dinge, die ebenso wichtig für uns sind wie er. Nämlich der Besuch bei unseren Großeltern und der Geburtstag von Opa. Was er wohl zu dem Geschenk sagen wird?

Mit lauter Stimme ruft Mutter die Treppen hinauf: »Caspar, wo bleibst du? Wir müssen los!« Ich reiße die Augen auf, der Duft der Leckereien verfliegt und sehe zur Uhr, während ich gähne, ohne mir die Hand vor den Mund zu halten. *Zwei Stunden sind beim Herumliegen und sich den Tagträumen hingeben vergangen. Zwei Stunden! Mist!*

Es wird also allerhöchste Zeit!

Ich drehe mich dieses Mal mit Schwung zur Seite und gerade, als ich mich an der Bettdecke festhalten will, um nicht auf den Boden zu fallen, reiße ich sie mit und komme mit einem *Rumms* vor dem Bett zum Liegen. Meine rechte Hand schmerzt vom Aufprall. Ein hörbares Seufzen dringt aus meinem Mund und ich stehe auf, werfe die Bettdecke mit der linken, nicht schmerzenden Hand schwungvoll auf das Bett zurück. *Das fängt absolut gut an!*

Ein leises Klopfen ertönt an der Zimmertür, meinem Reich.

Ein Mal.
Zwei Mal.
Erst sachte, dann heftiger.
Ich drehe mich um und schaue wer sie öffnet. Es ist meine Schwester Linda. Sie lächelt mich an und kommt auf mich zu.
»Na, du Langschläfer? Sind wir startklar?« Ich nicke und ziehe mir die Schuhe an, die neben dem Schreibtisch stehen. Da ich in Shirt und Jeans eingeschlafen war, bin ich schon fast startklar. Ein dickes Sweatshirt ziehe ich aus dem Kleiderschrank, in der Hoffnung, dass es mich etwas wärmt, da mir vor Müdigkeit einfach nur total kalt ist. Ich ignoriere die schmerzende Hand, die seit dem Aufprall pocht und sich etwas taub anfühlt. Zeit für eine Dusche bleibt mir jetzt nicht. Daher greife ich zum Deo und sprühe mich schnell damit ein. Linda hustet und wedelt wild mit der Hand vor ihrem Gesicht herum.
»Brauchst du wirklich so viel davon? Sicher, dass alles gut bei dir ist, Bruderherz?«, fragt sie besorgt. Ich nicke stumm. Lasse mir nichts anmerken.
»Du siehst irgendwie ein wenig mitgenommen aus.« Ich gebe ein leises Brummen von mir. Gänsehaut fährt vor Kälte in Bahnen meinen Rücken und meine Arme entlang, so als würde ich barfuß im eisig kalten Schnee stehen.
Draußen herrschen seit Tagen Minusgrade. Keine gute Idee, mit nackten Füßen durch den Schnee zu spazieren. Aber, wer macht das schon? Womöglich irgendwelche Verrückten, die nichts Besseres in ihrem Leben zu tun haben und den ultimativen Kick suchen. Die letzten Tage hatte es unheimlich viel geschneit und das Dorf wirkt wie eine verschneite Winterlandschaft aus Weihnachtsfilmen, die wir alle so sehr lieben. Gerade zur Weihnachtszeit sind sie für uns ein Muss. Linda findet die Filme grauenhaft. Sie meint, dass sie total kitschig wären und nicht der Realität entsprechen würden, aber das müssen sie doch auch nicht, oder? Immerhin ist es Weihnachten und an diesen Tagen

darf es ruhig kitschig sein und Kreationen aus den Tiefen der menschlichen Fantasie erschaffen.

Ich nehme das Geschenk für Opa vom Schreibtisch und verstaue es im Rucksack, der auf dem Stuhl neben ihm steht. Linda steht wartend neben mir, legt ihre Hand auf meiner Schulter ab.

»Wenn es wegen letzter Woche ist, kannst du es mir sagen, okay?« Ich rolle mit den Augen. Als wäre ich wegen letzter Woche sauer, als sie ihre Freundinnen mir vorgezogen und den Kinobesuch mit mir abgesagt hatte.

»Linda, es ist nichts!«, zische ich ihr entgegen und sie zieht ihre Hand zurück. Aus dem Augenwinkel heraus betrachte ich sie. Ihr Blick ruht vor Sorge auf mir. Dann setzt sie sich in Gang und verlässt das Zimmer, ohne ein weiteres Wort zu sagen. Ich sehe mich noch einmal im Zimmer um, nehme dann den Rucksack, schnalle ihn mir auf den Rücken und renne eilig die Treppen hinunter.

Unten im Flur angekommen sehe ich, wie mein Vater sich hastig in seinen bordeauxroten Wollmantel schwingt und Mutter in den ihrigen hilft. Wenn beide zusammen sind, hüllen sie alles mit ihrer Liebe zueinander in ein Gewand aus Harmonie und unerschütterlicher Innigkeit. Es ist wie ein Bild aus einem Märchen, das einem für immer in Erinnerung bleibt. Wie ein Schriftzug in Stein gemeißelt.

Für einen Jungen mit 17 Jahren klingt das etwas ungewöhnlich, oder? Ich bin aber gerne so. Meinen Eltern und Großeltern sei Dank, glaube ich an die eine, wahre Liebe. Oma und Opa sind Menschen, die durch die Jahre getänzelt sind, mit all ihren Höhen und Tiefen und trotzdem immer Seite an Seite füreinander eingestanden waren. Bis heute. Sie haben immer bewiesen, dass am Ende des Tunnels, den man für ein klaffendes Maul eines Ungeheuers hält, ein Licht existiert. Ein Licht, das uns den Glauben und die Hoffnung schenkt, immer weiterzumachen und nicht aufzugeben, weil es jemanden gibt, der nicht ohne einen sein will.

Diese Liebe, die nicht einmal ein stürmischer Orkan erschüttern könnte. Das hat mich in dem Glauben aufwachsen lassen, dass es sie geben muss. Und an sie zu glauben, gibt mir Hoffnung zwischen all den düsteren Gedanken, die seit drei Monaten ihren Weg durch die Ohnmacht in meinen Kopf gefunden haben und seitdem immer wieder auftauchen, so als würde man eine Kassette immer wieder von vorne abspielen.

Listen and repeat.

Seit drei Monaten gesellen sich zu den Gedanken schlimme Albträume und seit dieser Zeit versuche ich, diese zu vergessen, doch nicht einmal ein Verdrängen funktioniert. Du wirst dich wahrscheinlich fragen, was eigentlich passiert war, und, um genau zu sein, es ist im Grunde nichts passiert. Es war alles wie immer, bis ich auf einmal ohnmächtig wurde. Mehr geschah nicht. Aus heiterem Himmel und ohne Vorwarnung.

Von diesem Tag an veränderte ich mich. Nicht komplett, aber meine Gedanken wurden düsterer, grauer und ich lernte die Abgründe meiner Seele kennen. Es ist wie das Schwarz, das mit dem Weiß ein Grau ergibt und es als Zeichen setzen will für etwas, was mir bis heute als Erkenntnis verwehrt bleibt, denn ich weiß nicht, was an diesem Tag mit mir geschehen ist. Niemand weiß davon und ich habe die Hoffnung, irgendwann herauszufinden, was mit mir geschehen ist. Zudem habe ich die Hoffnung, wenn die Zeit gekommen ist, die Liebe zu erkennen und für immer festhalten zu dürfen, zwischen all der Dunkelheit, die auf dieser Welt und in mir zu jenem Zeitpunkt herrscht.

Ich sehe aus dem Fenster, um mich herum sind aufgeregte Gemüter. Davon anstecken lasse ich mich aber nicht. Seit Tagen herrscht draußen der tiefste Winter. Der Schnee fällt nahezu ununterbrochen und die klirrende Kälte hüllt das Dorf in einen Mantel aus gefrorenem Eis. Am Fenstersims entdecke ich kleine Eiskristalle, die eine makellose Schönheit umgibt. So sagt es Linda zumindest immer. Weihnachtsfilme findet sie kitschig, Eiskristalle am Fenster hingegen allerliebst.

»Sie glitzern, wenn die goldenen Strahlen der Wintersonne sie streifen, wie eine zarte Berührung am Morgen, während man die Augen geschlossen hält, um den Moment zu genießen und sie für einen Moment festzuhalten. Das ist wahrer Zauber, Bruderherz«, hatte Linda gesagt, nachdem es vor Tagen zu schneien begann.

Die Winterwelt hat mich als kleiner Junge mit all ihren Facetten fasziniert, doch das gehört mittlerweile der Vergangenheit an. Erinnerungen daran trage ich im Herzen, wie flüssiges Karamell in seidiger Schokolade. Das sollte genügen.

Mittlerweile bin ich ein Freund des Sommers.

Es gibt nichts Schöneres als Sonnenaufgänge, die den Himmel in ein Meer aus Farben verwandeln. Ein hauchzartes Rosa, ein Strich von sattem Orange und ein samtiges Lila bringen einen neuen Tag hervor. Einen, den ich dann am liebsten mit meinem besten Freund James verbringe. Wir segeln hinaus auf das weite Meer und atmen die salzige Luft ein, die dabei in unsere Richtung strömt. In uns spüren wir die vollkommene Freiheit. Die Freiheit unseres Lebens. Unserer Existenzen. Und das fühlt sich so unheimlich gut an. Zusammen sind wir unschlagbar. Wie Erde und Luft, Feuer und Wasser.

»Da bist du ja, Schatz! Was hat so lange gedauert?«, fragt Mutter mich und reißt mich damit aus meinen Gedanken, während sie hörbar an dem Reißverschluss ihres Mantels zerrt. Ich wende meinen Blick vom Fenster ab und drehe mich zu ihr um. Ihr langes, blondes Haar fällt in Wellen über ihre Schultern, während ihre blauen Augen funkeln wie die Eiskristalle am Fenster. Vater haucht ihr einen zärtlichen Kuss in den Nacken. Dann greift er nach seiner braunen Ledertasche und wühlt darin herum. Im nächsten Moment lässt er aber davon ab, da Linda ihm klimpernd die Autoschlüssel reicht.

»Du wolltest doch nicht etwa ...« Vater tut so, als sei er empört, während Linda über ihr ganzes Gesicht hinweg grinst. Beide lächeln sich an. Liebevoll.

Linda ist ihm wie aus dem Gesicht geschnitten. Die hohen Wangenknochen, das schmale Kinn und dieselbe Augenpartie lassen erahnen, dass sie Vater und Tochter sind.

Ich hingegen sehe aus wie meine Mutter. Nur dass untenrum der Unterschied zu sehen ist, ansonsten könnte man mich glatt mit ihr verwechseln.

»Ich habe meinen Wecker heute Morgen nicht gehört«, antworte ich knapp und setze dabei eine schuldbewusste Miene auf.

»Woher kenne ich das nur, mein Sohn? Die Nacht wachbleiben und voll auskosten. Dafür dann aber morgens den Wecker nicht hören und nicht aus den Federn kommen? So erging es uns allen einmal, nicht wahr, Liebling?« Lachend tätschelt Vater mir den Kopf und eine Haarsträhne verirrt sich an seinem Ringfinger, an dem sein Ehering steckt. Als er seine Hand vorsichtig wegzieht, haftet sie immer noch dort. Er zieht sie ein weiteres Mal weg, doch dieses Mal energischer. Ich zucke kurz zusammen, da er mir die Strähne in der Hektik unsanft herausreißt. *Ein Haar weniger auf meinem Kopf, oder sollte ich sagen, Wollfaden? So dünn sind sie nämlich.*

»'tschuldigung«, murmelt er und wendet sich dann meiner Schwester zu, die in ihre hochhackigen Stiefel schlüpft und dabei aussieht, als würde sie einen Tanz aufführen, bei dem ein Bein leicht angewinkelt sein muss. Sie hüpft und zerrt am Reißverschluss des Stiefels. Leise flucht sie in sich hinein.

»Linda, wie oft habe ich dir schon gesagt, dass du deine Winterschuhe anziehen sollst? Du knickst um, mein Kind, und dann haben wir den Salat!«

Linda lässt von ihrem Schuh ab, verschränkt die Arme vor der Brust und sagt: »Papa!« Mutter setzt ein schiefes Grinsen auf.

»Raymond! Nun lass sie doch! Sie ist alt genug, um zu entscheiden, was sie anziehen möchte. Ich lege dir doch auch nicht deine langen, bunten Unterhosen auf den Nachtschrank und zwinge dich dazu, sie morgens anzuziehen.«

Vater schüttelt den Kopf, sagt aber nichts mehr. Röte steigt ihm ins Gesicht. Als sie die Diskussion über Schuhe-mit-Absatz-im-Winter-sind-gefährlich beendet haben und auch Linda endlich mit ihrem Ein-Bein-Getänzel fertig ist, öffnet Mutter die Haustür und geht als Erste hinaus. Vater und Linda folgen ihr. Ein eiskalter Windzug zieht an ihnen vorbei ins Haus hinein. Mir wird schlagartig kalt. Wie immer bin ich der Letzte, der das Haus verlässt. Bevor ich die Tür hinter mir zuziehe, riskiere ich noch einen Blick auf die Holzkommode, die seit Ewigkeiten den Platz unter der Treppe einnimmt. Mutter legt dort alles ab, was sie gewillt ist irgendwo mit hinzunehmen und somit nicht zu vergessen. Manchmal ist sie so in Eile, dass sie die Hälfte vergisst. Heute scheint sie aber an alles gedacht zu haben.

Leise schließe ich die Tür hinter mir ab und gehe mit langsamen Schritten zu unserem Auto, welches im Carport steht. Die anderen drei warten bereits auf mich. Der Schnee liegt meterhoch und knirscht unter meinen Schuhen. Am Himmel steht dichter Nebel, sodass man seine Hand vor Augen nur schwer erkennen kann.

»Bist du fertig, Vater? Ich erfriere gleich an Ort und Stelle, wenn das nicht schneller geht«, sagt Linda, die zitternd hinter ihm steht, während er versucht, die Fahrertür aufzuschließen. Mutter sieht ihm dabei augenrollend zu. Doch Vater schüttelt nur den Kopf.

Aus der Manteltasche holt er ein kleines Fläschchen heraus und sprüht damit das vereiste Schloss ein, um es wieder gängig zu machen. Danach steckt er den Schlüssel noch einmal vorsichtig ins Schloss, dreht ihn vorsichtig herum und siehe da, er lässt sich bewegen und die Tür sich öffnen.

»Endlich können wir los«, sagt Linda bibbernd und steigt als Erste ein. Schnell schnallen wir uns an und reiben uns unsere

Hände, die von der Kälte und dem Moment des Wartens kalt geworden sind. Die Luft im Innenraum ist so kalt, dass es bei jedem Atemzug in den Lungen sticht.

Ich schaue aus dem beschlagenen Fenster neben mir auf die Straße hinaus. Am Absatz des Fensters kleben kleine Eiskristalle. Im Dunst des Nebels sind sie fast unscheinbar.

Mit einem leichten Ruck setzt sich Vaters Auto in Bewegung, während mein Blick zur beschlagenen Frontscheibe schweift. In der Ferne erkenne ich nur schemenhaft das Durcheinander, welches auf den Straßen herrscht. Die Autos kriechen mehr, als dass sie fahren und immer wieder hupt jemand lautstark, oder tritt im letzten Moment auf die Bremse, sodass wir mehrmals ruckartig zum Stehen kommen. *Na, dass kann ja heiter werden!*

Ein Vorankommen ist so gut wie unmöglich, doch die Musik im Radio lässt uns hoffen, dass wir bei der Fahrt keine schlechte Laune bekommen.

Im Radio läuft »Mr. Tambourin Man« von Bob Dylan. Mutter und Linda singen lautstark mit und klatschen dabei im Takt in die Hände. Dieser Song verbindet die beiden, denn Mutter hat ihn kurz vor der Geburt von Linda gehört. Kaum war Linda in einem Alter, wo sie zu jeder Musik zu tanzen versuchte, wurde auch dieser Song zu einem ihrer Lieblingssongs.

»Take me for a trip upon your magic swirlin' ship.
All my senses have been stripped.«

Langsam schließe ich die Augen und versuche, mich woanders hinzuträumen, um den Gedanken, dass Mutter und ich kein gemeinsames Lied haben, abzuschütteln wie Dreck, der an der Hose klebt. Die Familie von meinem Vater freute sich überhaupt nicht, dass ein Sohn in die Familie hineingeboren worden ist. Sie hatten gesagt, dass ein Junge eine Bürde mit sich tragen würde, an der er zerbrechen könnte. Welche das ist, das hat sich mir bis heute noch nicht erschlossen, weshalb ich auf dieses Geschwätz nicht wirklich etwas gebe. Menschen reden doch immer viel, wenn sie bereit sind, anderen das Leben schwer zu machen oder es in tausend kleine Einzelteile zerstören zu wollen. Jedenfalls war das der Grund für sie, weshalb sie stets ein Mädchen in ihren Kreisen bevorzugt hatten. Familie konnte man das wohl nicht nennen. Somit ist klar, dass die Freude riesig war, als sie von der ersten Schwangerschaft Mutters erfuhren. Dass sie ein Mädchen unter ihrem Herzen trug. Meine Schwester Linda. Als ich sieben Jahre alt war, fragte ich meine Eltern, ob es auch ein Lied gäbe, welches während meiner Geburt im Radio gelaufen wäre. Mutter sah Vater damals fragend an, bevor sie mir eine Antwort gegeben hatte.

»Caspar, nein, wir haben keines!«, war das, was sie in einem ruhigen Ton gesagt hatte, aber ihre Augen verrieten, dass sie log. Vater hingegen ließ sich nichts anmerken. Er saß einfach nur da und nickte, um Mutters Worten mehr Ausdruck zu verleihen. Seit ihrer Antwort wusste ich, dass beide mir etwas verheimlichten. Es gibt zwischen uns nur diese Lebensgeschichte, kein Lied, das uns glückliche Erinnerungen an meine Geburt bescheren würde und das ich zu jener Zeit abrufen könnte, wenn ich wieder einmal zu viel nachdenke. Erinnerungen, an die wir gerne zurückdenken, nicht welche, die wir drei am liebsten für immer vergessen würden, da sie gefühlt zwischen uns stehen, wie Mauern, die uns vor dem Absturz in die Tiefen schwärzester Abgründe bewahren. Ich glaube daran, dass diese Erinnerungen in der hintersten Ecke lauern, mich in die Ohnmacht gezwungen und mich dann verändert haben. Oder haben die Eltern meines Vaters die Wahrheit gesagt und die Bürde, fließt langsam in mein Innerstes hinein? Wie bittere Medizin, die sich in den Gedärmen kurz schlafen legt und sich dann urplötzlich und explosionsartig im Körper ausbreitet, die Blutbahnen entlangfährt, um da ihren Dienst zu verrichten?

Ich werde die Eltern meines Vaters nicht fragen können, da wir keinen Kontakt mehr zu ihnen haben. Und das nur, weil sie von heute auf morgen spurlos verschwunden waren.

Als wir uns fahrend durch den dichten und schleichenden Verkehr gequält haben, sind wir auf dem Weg zum Haus von Oma und Opa. Ihr Haus steht am Ende der Straße. Vor ihm stehen zwei kleine Buchsbäumchen, die vom Schnee bedeckt wurden. Sie stehen schon seit Jahren da und sind Omas kleine Lieblinge. Ob mit oder ohne Schnee. Vor der Tür kommen wir zum Stehen und Linda drückt hastig den Knopf der Klingel. Ein hoher Ton erklingt und hört sich an, als wäre es die Glocke eines Kirchturms, bei dem die Uhr zwölf schlägt. Mit einem Ruck öffnet Oma die Haustür. Vom Klingeln bis zum Öffnen ist gerade mal eine Sekunde vergangen. Es scheint, als hätte sie direkt hinter Tür gestanden und auf uns gewartet. Aus dem Wohnzimmer ertönt wie seit eh und je klassische Musik.

»Da seid ihr ja! Zum Glück ist euch nichts passiert! Es hat so viele Unfälle da draußen gegeben in der letzten Zeit, dass ich schon fast krank vor Sorge um euch war!«, sagt Oma erleichtert. Opa steht direkt hinter ihr und sein Lächeln glättet leicht die Falten rund um seine Mundpartie. Die Erleichterung steht beiden förmlich ins Gesicht geschrieben. Erleichtert bin aber auch ich, muss ich ehrlich zugeben. In der letzten Zeit gab es vermehrt Unfälle, da hat Oma schon Recht und es hatte dabei auch Tote gegeben.

Sie zieht uns in ihre Arme und hält uns fest. Als sie die Umarmung langsam löst, gehen wir ins Haus hinein und fallen Opa in die Arme, der nur milde lächelt, aber kein Wort sagt. Er war noch nie ein Mann der großen Worte. Er sieht uns an und tätschelt uns beiden den Kopf, so als wären wir heute noch kleine Kinder.

»Ihr seid aber groß geworden! Holla!«, sagt er und lacht laut auf. Ein breites Lächeln huscht über mein Gesicht.

»Opa!«, sagt Linda. »Wir sind doch schon länger so groß, weißt du das nicht mehr?«

»Aber natürlich weiß ich das! Die Zeit rennt an mir vorbei an meinen alten Tagen. Und jetzt, wo die Tage grau in grau sind, weiß ich sowieso nicht mehr, welchen Tag wir haben.« Linda und ich nicken synchron. Mir fällt ein, dass ich ihm sein Geschenk jetzt geben könnte, doch Mutter und Vater begrüßen Oma und Opa erst einmal und das hat Vorrang. Linda und ich hängen unsere Jacken erst einmal am Garderobenhaken auf. Ich bin froh, dass hier eine wohlige Wärme herrscht und ich nicht friere.

Doch gerade als Vater und Mutter ihre Mäntel hinhängen wollen, fängt Mutter zu fluchen an, schlägt die Hände über dem Kopf zusammen, was zur Folge hat, dass ihr der Mantel auf den Boden fällt. Vater hebt ihn auf und hängt ihn an den Haken der Garderobe.

»So ein verdammter Mist!«, entfährt es ihr.

»Was ist denn los, mein Schatz?«, fragt Vater sie verwundert.

»Ich habe es zuhause vergessen.«, knurrt sie mit genervter Stimme, reißt den Mantel wieder vom Haken und wirft in sich über.

»Aber das ist doch nicht schlimm. Wir können es doch ein anderes Mal holen, wenn sich das Chaos auf den Straßen gelegt hat«, beruhigt Vater sie und legt seine Hand auf ihrer Schulter ab.

»Nein, das können wir nicht, Raymond. Es ist Vaters Geschenk und das soll er heute bekommen.« Mutter schürzt die Lippen, Vater schüttelt nur den Kopf. Linda und ich stehen neben ihnen und sehen uns schweigend an.

»Raymond hat recht, meine Liebe. Bringt es mir ein anderes Mal. Wichtig ist, dass ihr bei uns seid und wir gemeinsam den Tag verbringen können«, sagt Opa, doch seine Worte scheinen an Mutter abzuprallen wie ein Holzpfeil an hartem Granit.

»Nein, Vater! Ich werde es holen. Wartet mit Kaffee und Kuchen bitte nicht auf mich.« Dann geht Mutter zur Haustür und reißt diese mit Schwung auf. Sie wirkt unruhig - aber wegen eines liegengelassenen Geschenks? So kenne ich sie gar nicht. Außerdem hatte ich doch auf der Kommode unter der Treppe nachgesehen und konnte nichts auf ihr entdecken. Ob sie es woanders hingelegt hatte?

»Warte! Ich werde dich begleiten«, sagt Vater und stellt sich vor sie. Mit zusammengekniffenen Augen steht er da, sein Blick wirkt finster.

»Raymond ...«

»Keine Widerrede! Und ich werde fahren.« Mutter nickt zustimmend, auch wenn sie darüber alles andere als erfreut ist. Eilig gehen beide hinaus. Mit einem gewaltigen Ruck zieht Vater die Haustür zu, sodass sie knallend ins Schloss fällt und der Flur für einen Moment unter unseren Füßen bebt. Weg sind sie. *Irgendetwas stimmt hier nicht! Vater und Mutter wirkten verändert. Ihre Gelassenheit, welche sie sonst an den Tag legen, ist wie verpufft.*

Für einen klitzekleinen Moment ziehe ich in Erwägung, Linda von meiner Vermutung, dass etwas nicht stimmen könnte, zu erzählen. Von Vaters finsterem Blick und Mutters Unruhe. Beides Verhaltensweisen, die ich bisher nie an ihnen gesehen hatte. So kenne ich sie einfach nicht. Ob Linda das auch aufgefallen ist?

Ich laufe vom Flur aus ins Wohnzimmer und sehe aus dem jetzt schon mit Weihnachtsstickern beklebtem Fenster. *Weihnachten ist doch aber erst in zwei Wochen. Typisch Oma und Opa!*

Unser Auto verschwindet in der Ferne aus Schnee und dichtem Nebel. Nebel, der wie winzig kleine Zuckerkristalle in der Stratosphäre schwebt und wie die bunten Farben einer Rakete sanft auf den Erdboden fällt, um dort für immer zu erlischen.

Fünf Minuten später sitzen Oma, Linda und ich im Wohnzimmer auf dem Sofa, während Opa es sich in seinem Sessel gemütlich gemacht hat. Der Tisch, der vor uns steht, ist mit vielerlei Köstlichkeiten gedeckt. Das geblümte Kaffeegeschirr steht daneben und wartet auf seinen Einsatz, doch keiner von uns rührt irgendetwas davon an. Oma schweigt und der Rest von uns tut es ihr gleich. Der Einzige, der hier spricht, ist Pepper. Es ist nicht etwa ein Nachrichtensprecher im Fernsehen, der zum hundertsten Mal die Nachrichten wiederholt – nein, es ist Omas und Opas grüner Wellensittich, der, seitdem er ihnen gehört, unverständliches Zeugs plappert. Um Pepper zu übertönen, schaltet Oma den Fernseher ein und drückt die Lautstärketaste der Fernbedienung bis zum Anschlag hin durch. Wieder einmal berichten sie vom anhaltenden, dichten Nebel und dem Schneechaos, bis hin zu der Zahl der Todesopfer. Ich mag mir gar nicht vorstellen, dass meinen Eltern etwas passiert und sie dann nicht mehr da sind.

Weg. Wie vom Erdboden verschluckt.

Es gibt Momente, in denen ich mich frage, wie es wäre, ewig zu leben. Wie toll es wäre, sich immer sehen zu können. Jedes Jahr dieselben Feste zu zelebrieren als wäre es das erste Mal, und bei denen man nie müde wird, sie zu feiern? Seinen Liebsten zu sagen, wie lieb man sie hat, ohne es im schlimmsten Streit zu bereuen? All das würde gehen und noch so Vieles mehr. Wäre es die Ewigkeit wert?

»Sie hätten nicht ...«, sagt Oma mit lauter Stimme, die mitten im Satz versagt und mich davon abbringt, weiter darüber nachzudenken, was ich tatsächlich von der Ewigkeit halte und von dem Gedanken, ewig zu leben. Doch auch ich bin mittlerweile besorgt, dass das Chaos meine Eltern in die Knie zwingen könnte. Die Stimmung hier scheint auf dem Gefrierpunkt angekommen zu sein.

»Sie sind bestimmt gleich wieder bei uns«, wirft Opa ein, nimmt die Fernbedienung vom Tisch und schaltet den Fernseher ab. Oma quittiert das mit einem strafenden Blick, welchen Opa geflissentlich ignoriert.

Ich beobachte Opa genauer. Die Finger seiner Hände gleiten ineinander wie Zahnräder. Er lässt seinen linken Daumen um den Rechten kreisen. Sein Gesicht wirkt schmaler als sonst und ist von Blässe gezeichnet. Noch nie kam er mir so alt vor wie jetzt. Gut, er ist ein Jahr älter geworden, aber er wirkt in sich gekehrt, irgendwie nachdenklicher. Vielleicht auch nur abwartend. Mein Blick wandert weiter an ihm herab. Wie er da sitzt in seinem Sessel, seine warme Fellweste sich locker an seinen Oberkörper schmiegend, darunter ein senfgelber Rollkragenpullover. Und selbst dieser, ist viel zu groß für ihn. Hier hat die Ewigkeit sichtlich nicht ihre Finger im Spiel, denn irgendwann steuert Opa auf die Unendlichkeit zu und wird nur noch eine Erinnerung in unseren Herzen sein. Doch daran mag ich nicht denken.

Ich schiebe den Gedanken also beiseite, versuche nicht mehr daran zu denken und setze mich zu ihm auf die Lehne des Sessels. Oma hat ihm eine Zeitschrift in den Schoss geworfen und läuft wie von einer Tarantel gestochen unruhig im Wohnzimmer herum. Linda geht zu ihr, versucht sie zu beruhigen, während ich auf die Titelseite der Zeitschrift sehe. *Sport ist Mord. Eindeutig.*

Kurz überlege ich, ihm jetzt sein Geschenk zu geben, beschließe dann aber, zu warten, bis Mutter und Vater zurück sind. Sie sollen doch sehen, was mich die ganze Nacht wachgehalten hat und wie viel Mühe ich mir damit gemacht habe. Und außerdem ist Opa gerade in seine Sportzeitschrift vertieft und widmet sich dem Titelthema. Ich stehe auf, gehe zurück zum Sofa, lasse mich darauf fallen und schließe die Augen. Bilder aus vergangenen Tagen tauchen vor meinem inneren Auge auf. Eines nach dem anderen, wie eine Diashow, die langsam und in Schwarz-Weiß abgespielt wird. Es waren Zeiten, die aus heißer Milch und Honig bestanden und Duftkombinationen aus Vanille und lieblicher Kirsche in die Luft gezaubert hatten. Sie erinnern mich an unseren Laden und vermischen sich mit der Sorge um meine Eltern, sodass ich urplötzlich den Geruch von verbrannter Erde wahrnehme.

Doch je tiefer ich mich auf diesen Gedanken einlasse, tiefer in mein Innerstes abtauche, lösen sie sich auf wie ein Schwarm von Schmetterlingen, die ihren Weg in dieser großen, weiten Welt suchen und doch noch nicht gefunden haben.

Ich ziehe mein Handy aus der Hosentasche, entsperre das Display, um auf die Uhr zu sehen. Eine Stunde ist vergangen, seit meine Eltern wieder zurückgefahren sind und bis jetzt sind sie noch nicht wieder zurückgekommen. Oma hat sich mittlerweile beruhigt und nippt an dem von Linda eingeschenktem Kaffee, während Opa vor Pepper steht und ihm Wörter vom Fußball beibringt.

»Tor!«, ruft Pepper lautstark und wir alle müssen lachen.

Ich stehe vom Sofa auf, stelle mich neben Opa und Pepper, um aus dem Fenster zu schauen. Mutter und Vater sind nirgends zu sehen. Komisch.

»Setz' dich hin, mein Junge! Sie trudeln bestimmt gleich ein, keine Sorge!«, versucht Opa, mich mit gewohnter Gelassenheit zu beruhigen, doch den gewünschten Effekt hat es nicht. Pepper sitzt artig auf seinem Finger und hält seinen Kopf schräg, so als würde er warten, was Opa als Nächstes sagt, nur um es gleich wieder nachplappern zu können.

Ich stütze mich mit den Armen auf der Fensterbank ab und sehe noch einmal aus dem Fenster. Nichts hat sich verändert, außer dass einige Autos in die Straße hineinbiegen, aber keines von denen ist Unseres. Linda stellt sich neben mich und legt ihren Arm um meine Schultern. Sie wirkt, als wäre sie weniger besorgt als Oma, Opa und ich.

»Meinst du, sie kommen wieder?«, frage ich sie mit leiser Stimme. Es klingt wie ein Murmeln, als würden wir Flüsterpost spielen, wie schon in Kindheitstagen, in denen alles noch so vertraut, so normal zwischen uns war. Irgendwie ist es das jetzt nicht mehr, was daran liegen könnte, dass wir uns kaum mehr zu Gesicht bekommen. Sie, ständig mit ihren Freundinnen „on the road", und ich, die meiste Zeit Zuhause oder bei James.

»Aber klar, Caspar! Vielleicht knutschen sie ein wenig herum und genießen die Zeit ohne uns. Kann doch alles sein!« Ein gespieltes Lächeln huscht erst über ihre Lippen, dann über die meinen. *Gespielt.*

Zwei weitere Stunden sind vergangen. Alle paar Minuten habe ich auf mein Handy gesehen, doch es zeigte keine Nachricht oder einen Anruf an. Ich war zur Straße gegangen in der Hoffnung, ihnen entgegengehen zu können, doch weit und breit war keiner von ihnen zu sehen. Kein Anruf. Keine SMS. Funkstille. Ich verstehe es einfach nicht. Wie können sie zwei Stunden für die Strecke brauchen? Oder besorgen sie unterwegs noch etwas, weil Mutter noch etwas vergessen hat? Das Chaos auf den Straßen könnte sich auch verschlimmert haben. Ich bin vollkommen durcheinander und befürchte das Schlimmste, als plötzlich der hohe Ton der Klingel ertönt und nicht nur mich zusammenfahren lässt. Ich kann spüren, dass nicht sie es sind, denn das Läuten klingt energischer. Eindringlicher. Nahezu wehklagend, wie eine heulende Sirene.

Klang die Klingel schon immer so, oder bilde ich mir das nur ein?

Oma steht hastig vom Sofa auf, hält ihre Kaffeetasse leicht zitternd in den Händen und geht auf den Flur hinaus, um die Haustür zu öffnen und zu sehen, wer es ist. Im nächsten Moment höre ich, wie die Tasse mit einem Aufprall auf den Fliesen zerschellt.

»Unfall! Unfall!«, plappert Pepper fröhlich daher.

»Halt die Klappe, Vogel!«, zische ich Pepper entgegen und stehe vom Sofa auf, um schnell zu Oma zu laufen und um nachzusehen, ob sie sich verletzt hat. Linda tut es mir gleich, während Opa langsam aufsteht und uns mit schlurfenden Schritten folgt. Mein Blick fällt auf die mit Scherben bedeckten marmorierten Fliesen, während Linda sofort in Richtung der Küche abbiegt.

Ich sehe zu Opa, der abwartend und laut seufzend hinter mir zum Stehen kommt. Sein Lächeln ist wie die Flamme einer Kerze erloschen. Sein Blick starr zur Haustür gerichtet. Es wirkt wie eingefroren. Ich stelle mich neben ihn, nehme seine kalte, zitternde Hand in meine.

Linda kehrt eilig aus der Küche zurück. Handfeger und Schaufel hält sie fest umklammert in ihrer Hand. Ihr Blick huscht von mir zu Oma und wieder zurück. Oma dreht sich um und sieht uns mit großen Augen an. Ihr Gesicht ist von Blässe gezeichnet. Linda kniet sich auf den Boden und fegt nach und nach, fast wie in Zeitlupe die Scherben auf. Den beiden Personen, die an der Tür stehen, schenkt sie keine Beachtung. *So habe ich Linda noch nie erlebt, wieso zeigt sie kein Interesse?*

Verwirrt sehe ich sie an, doch sie sieht nicht vom Boden auf. Sie kümmert sich weiterhin und vollkommen unbeirrt um die Scherben. Sie scheint nicht einmal besorgt zu sein. Ich lasse Opas Hand los. Das Zittern ist fort. Dann mache ich einen Schritt auf Oma zu und stelle mich neben sie. Sie hält sich am Türrahmen fest. *Ihr scheint schwindelig zu sein.* Erst jetzt sehe ich mir die beiden Personen an und realisiere, wer sie sind. Es sind Polizisten und mir weicht jegliche Farbe aus meinem Gesicht. *Was wollen die denn hier? Vater und Mutter wird doch nichts passiert sein, oder?*

»Sind sie die Familie Lichter?«, fragt einer der beiden, während der andere uns mit starrem Blick ansieht und keine Miene verzieht. Ich habe das Gefühl, dass er durch uns hindurchsieht, als wären wir Geister. *Erde an den Polizisten! Warum fragt der andere Polizist eigentlich so blöd? An der Klingel steht doch klar und deutlich, dass Oma und Opa mit Nachnamen Lichter heißen.*

Womöglich kennt er keinen besseren Anfang für ein Gespräch. Und überhaupt, was für ein Gespräch?

Oma und ich nicken nur. Opa hingegen gibt nur ein leises Brummen von sich. Pepper lässt sich auf seiner Schulter nieder und kräht lauthals »Unfall! Unfall!« Es wie ein Echo, das an den Polizisten in die Kälte nach draußen zieht, um sich in der Erdatmosphäre festzusetzen.

Mein Herz schlägt wild in meiner Brust. Linda steht jetzt neben mir, ergreift meine zitternde Hand. Ihre fühlt sich kalt und schwitzig an. Wie ein toter Fisch, aber an den will ich jetzt gar nicht denken. Uns allen geht es gut. Wir sind in Sicherheit. Nichts Schlimmes ist geschehen.

»Kennen sie das Auto?« Der Polizist hält Oma ein leicht zerknülltes Foto hin. Sie nimmt es entgegen, dann nickt sie. Ich werfe ebenfalls einen Blick darauf. *Das kann nicht sein!*

Das Blut in meinen Adern fängt zu gefrieren an. Ich merke, wie mir das Atmen von Zeit zu Zeit schwerer fällt. Es fühlt sich an, als würde ein riesiger Stein auf meinem Brustkorb liegen. Schwäche legt sich über mich. Das Gefühl, jeden Moment in mir zusammenzusacken, gesellt sich dazu.

Linda reißt Oma das Bild aus der Hand, als der Polizist fortfährt: »Es tut uns leid, ihnen mitteilen zu müssen, dass es einen tragischen Unfall gegeben hat. Das Chaos auf den Straßen wird immer schlimmer und kein Ende ist abzusehen. Die Menschen sind unachtsam. Ihre Tochter hat es leider nicht überlebt.« Seine Worte hallen in meinem Kopf wie ein Echo wider. *Tragischen Unfall nicht überlebt. Meine Mutter?*

Heute?

»Und ihr Mann?«, fragt Oma mit heiserer Stimme. Tränen laufen ihre Wangen hinunter. »Hat er es überlebt?«

»Leider nein. Sanitäter waren gleich vor Ort, doch alle Versuche ihn zu retten kamen zu spät. Es tut uns sehr leid!«, sagt der Polizist. Dieses Mal der andere und in seinem Blick liegt etwas, was ich noch nie zuvor bei jemandem gesehen habe. Selbst zu einer Beschreibung dessen, bin ich gerade nicht fähig. Ist es Gleichgültigkeit? Vielleicht auch Genugtuung? Irgendetwas an ihm kommt mir seltsam vor.

»Das kann nicht sein! Sie müssen sich täuschen! Es gibt etliche von diesen Autos da draußen!«

Lindas Fassungslosigkeit verwandelt sich in Empörung.

»Das kann ja jeder behaupten!«

Der Polizist schüttelt den Kopf und bewahrt Fassung: »Wir haben alles genaustens überprüft. Es ist das Auto ihrer Eltern. Ich wünschte, ich könnte ihnen etwas Anderes mitteilen.« Linda fixiert ihn aus ihren zu Schlitzen geformten Augen, aber es scheint nicht echt zu sein. Ich kenne meine Schwester.

Ich lasse meinen Kopf sinken, realisiere nicht wirklich, was hier gerade geschieht. Der kalte Kaffee, der immer noch auf den Fliesen klebt, verwandelt sich vor meinen Augen in dunkles, geronnenes Blut. Das Blut meiner Eltern. Ihr Blut.

Ich muss es vor dem Austrocknen bewahren, es schöpfen wie Salzwasser aus dem Meer. Sie damit zum Leben erwecken.

Dann sacke ich ihn mir zusammen und falle in eine tiefe und endlose Schwärze. Die Ohnmacht hat mich wieder.

Willkommen zurück!

Über die Autorin

Sandra ist Autorin, Lyrikerin und Bloggerin auf Instagram (swiaty.library). Sie liebt Bücher aller Art und Genres, das Lesen und Schreiben, die Fotografie und zur Entspannung liebt sie es die Wohnung und den Balkon zu dekorieren, sowie sich um ihre Blumen zu kümmern. Mit ihrem ersten Debüt »Blütenzyklus« hat sie die Truhe ihrer Seele geöffnet, und ihre lyrische Ader unter Beweis gestellt. Wenn sie im Alltag, als Mutter von vier Kindern, nicht Land unter geht, setzt sie sich an ihren Schreibtisch und erfindet Geschichten im Genre Romantasy. Im Juni 2020 erschien der erste Band ihrer Tausendlicht-Trilogie mit dem Titel »Wie Schatten so golden«.

Printed in Germany
by Amazon Distribution
GmbH, Leipzig

22495546R00063